Esta coleção da revista Jacobin traz reflexões e indagações críticas sobre política, economia e cultura sob uma perspectiva socialista, como guia para uma prática política radical. Os livros oferecem uma análise engajada com a história e com as ideias da esquerda de um modo mais acessível.

Esta coleção é uma parceria entre a editora Autonomia Literária, Verso Books e a revista Jacobin, publicada no Brasil semestralmente em formato impresso e digital.

Outros títulos da coleção:

República popular do Wallmart: como as maiores empresas do mundo usam as bases do socialismo
de Leigh Phillips and Michal Rozworski
Dando uma de puta: o trabalho das profissionais do sexo
de Melissa Gira Grant
Quatro futuros: vida após o capitalismo
de Peter Frase

George Ciccariello-Maher

Construindo a Comuna

Democracia radical na Venezuela

Traduzido por Aldo Cordeiro Sauda

2020
Autonomia Literária

AUTONOMIA
LITERÁRIA

Este livro foi publicado originalmente sob o nome de *Building the Commune: radical democracy in Venezuela*, pela Verso Books, em 2016

Coordenação Editorial
Cauê Seigner Ameni
Hugo Albuquerque
Manuela Beloni
Tradução: Aldo Cordeiro Sauda
Edição de texto: Marcia Camargos
Revisão: Arthur Dantas Rocha e André Takahashi
Diagramação: Manuela Beloni
Capa: Verso Books

Dados Internacionais de Catalogação na Publicação (CIP)
(eDOC BRASIL, Belo Horizonte/MG)

Ciccariello-Maher, George.
C568c Construindo a Comuna: democracia radical na Venezuela / George Ciccariello-Maher; tradução Aldo Sauda. – São Paulo, SP: Autonomia Literária, 2020.
200 p. :13 x 19 cm

Edição bilíngue
ISBN 978-65-87233-06-2

1. Comunismo – Venezuela. 2. Democracia – Venezuela. 3.Venezuela – Política e governo. I. Sauda, Aldo. II. Título.
CDD 987

Elaborado por Maurício Amormino Júnior – CRB6/2422

Autonomia Literária
Rua Conselheiro Ramalho, 945 CEP: 01325-001São Paulo - SP
autonomialiteraria.com.br

Sumário

Prefácio à edição brasileira: Quem de fato sustenta o projeto bolivariano
por *José Dirceu*.......................................7

Introdução.......................................13

I - A história da Comuna bolivariana...........27

II - As favelas e a luta pelo espaço urbano.......................................43

III - Contrarrevolucionários.........................63

IV - As milícias e os coletivos.......................83

V - A evolução da Comuna.......................101

VI - Cultura e produção.........................119

Conclusão: Um futuro comunal?...............139

Posfácio à edição brasileira: As sanções norte-americanas são crime de guerra.......155

Agradecimentos.......................................173

Sobre o autor.......................................175

Prefácio
Quem de fato sustenta o projeto bolivariano

por José Dirceu de Oliveira e Silva

Ainda me recordo, em abril de 2002, quando ouvi no rádio do carro a notícia da tentativa bem sucedida, conforme tudo indicava, do golpe de Estado contra Hugo Chávez. Sem vacilar disse: "se eu fosse venezuelano, pegava em armas para defender o governo e a revolução bolivariana".

Fiquei chocado com a posição de alguns líderes da esquerda, mas os compreendi. Chávez, relembravam, dera um golpe militar com certo apoio popular, contra a traição de Carlos Andrés Peres – o CAP que, eleito presidente com um programa e promessas, submeteu-se ao Fundo Monetário Internacional (FMI) e implantou um ajuste fiscal antipopular. Não esquecia o *Caracazo*, quando o povo desceu dos morros e se revoltou em fevereiro de 1989. Anos depois, Chávez sabia o que fazia e já tinha o seu Movimento Revolucionário Bolivariano (MRB). Foi preso, fracassou na rebelião, mas plantou as sementes da sua vitória eleitoral em 1998. Na esquerda ficou a desconfiança que pesava contra Chávez, por ele ser militar e pela tentativa de golpe em 1992, sendo que nós mesmos, do Foro de São Paulo, tínhamos opiniões diferentes sobre ele e o seu MRB.

Sua avassaladora vitória na Constituinte, a retomada da Petróleos de Venezuela, S.A. (PDVSA), a reforma agrária, a fundação do Partido Socialista Unido da Venezuela (PSUV), não deixavam dúvida. Chávez era um dos nossos, um líder latino-americano, que fazia jus a Simon Bolívar. O livro *Construindo a Comuna*, de George Ciccarello-Maher, é oportunidade rara para conhecermos uma experiência radical, democrática, política, cultural, socioeconômica: as comunas, uma forma de organização de revolução democrática, participativa, e com conteúdo radical, que dependendo da correlação de forças e do meio social, pode constituir apenas um coletivo político, ser produtiva, de autodefesa, armada. É política, cultural, é poder popular.

O livro traz lições para nós brasileiros, que enfrentamos entre 2013-16 as mesmas estratégias de desestabilização e sabotagem; os mesmos métodos, as formas de organização, as táticas e instrumentos que levaram ao golpe institucional e à prisão de Lula em 2018.

Lá houve resistência. Primeiro, em 2002, quando, impedindo o golpe, as comunas e coletivos tiveram papel decisivo para convocar e garantir que o povo apoiasse Chávez. Aqui faltou esta resistência popular e organizada. Ali houve não só o apoio de parte das forças armadas depois da renúncia forçada de Chávez, mas também da maioria do povo, que lhe deu sucessivas vitórias eleitorais e ainda elegeu Maduro em 2013.

Lá, como aqui, a direita derrotada nas urnas apelou para a desestabilização e sabotagem do país entre 2014-16, período que este livro cobre. Manifestações, panelas, trincheiras em fogo, locaute econômico, todos apoiados pelas classes médias e pelos EUA. É o caminho para lutar neste contexto que o livro descreve, o apoio externo de ONGs e fundações, a criação de grupos políticos de direita como o Vem Pra Rua e MBL brasileiros; lá a "operação liberdade" e a Juventud Activa Venezuela Unida (JAVU), apoiadas pela agência governamental Agência dos Estados Unidos para o Desenvolvimento Internacional (USAID), pelo International Republican Institute (IRI), National Endowment for Democracy (NED), entre outros. Eles financiaram e treinaram a oposição na Venezuela.

Outro paralelo – para além dos panelaços e da violência nas ruas contra petistas, nossas bandeiras, sedes e símbolos –, foi o uso das redes sociais e das *fake news*, ocultando a responsabilidade da oposição pela violência e pela falta de gêneros de primeira necessidade.

Foi antes da vitória de 2015 que a oposição tentou uma insurreição fracassada, mas acabou por desorganizar a economia, já fragilizada pela queda do preço do petróleo e pelo boicote e posterior bloqueio norte-americano, em um país totalmente dependente do petróleo e das importações. Com Chávez morto e a crescente insatisfação popular, o resultado era previsível. Assim, após duas vitórias em 2013, o PSUV perdeu a maioria na Assembleia Nacional em 2015.

O livro estuda, revela, conta a história das comunas, do poder popular, da autodefesa, do povo organizado, das novas formas cooperativas ou coletivas de produção e controle popular. Surgidas entre 1980 e 1990 como forma de autodefesa contra gangues, estas são as guerrilhas que foram contra a própria polícia repressora de pobres e negros. Durante o processo revolucionário elas transformaram-se em poder popular, formas de produção e organização popular.

Para nós, que já sofremos um processo semelhante, é decisivo compreender como e porque a revolução bolivariana, apesar da gravidade da crise econômica, paralisação parcial do sistema econômico, bloqueio quase total pelos EUA, sobreviveu e se mantém. Será apenas pelo apoio militar ou deve-se às raízes do chavismo? As mudanças efetivadas em benefício do povo pobre, da revolução e do pensamento bolivariano, são mais profundas e estão enraizadas no povo, aquele mesmo que desceu dos morros libertando Chávez em 2002, que apoiou a validação do processo político e econômico na Venezuela. Um povo que resistiu a uma tentativa de golpe e outra de insurreições nas ruas, que construiu as comunas, que foram decisivas para mobilizar e organizar a resistência.

Entre 2014 e 2018, foram as comunas e o povo chavista que enfrentaram a direita armada nas ruas e nas barricadas, que lutaram contra a tentativa de dividir o exército e dar um golpe militar, que votaram na Constituinte de Maduro. Sem eles, Maduro e o exército não teriam resistido à direita, que conta com o apoio dos EUA, da Europa e do Grupo de Lima, assim como do Brasil de Jair Messias Bolsonaro. A Venezuela, sem o chavismo e seu povo, já teria tido o mesmo destino do Iraque e da Líbia.

O livro é leitura obrigatória para nós, brasileiros, que seguramente enfrentamos um processo similar e fomos derrotados, em 2013-18. Bolsonaro, seu PSL, MBL, VPR, seus milicianos, não deixarão o poder sem resistência. Isso, sem considerar que as Forças Armadas, a milícia, o aparato policial-judicial estão a serviço das elites rentistas e, assim como lá, igualmente contam com o apoio dos EUA.

Aqui estamos vivendo o desmonte não só dos avanços sociais da era Lula como do próprio Estado Nacional. A luta na Venezuela e aqui representa também a defesa da nossa soberania e da nossa independência, a defesa da democracia, sempre a primeira vítima desses golpes, como estamos vivenciando com Jair Bolsonaro.

Curitiba, primavera de 2019.

Nota do Tradutor

Agradeço a Podval Advogados Associados, em particular a Juan Pessoa, que entregou a Zé Dirceu o manuscrito deste livro no Complexo Médico Penal de Pinhais, na Região Metropolitana de Curitiba, onde foi redigido o presente prefácio.

Introdução

Nada diz "basta" como um ônibus em chamas. Dia 27 de fevereiro de 1989, um pacote de reformas fez os venezuelanos acordarem pagando o dobro, do dia para a noite, no preço da gasolina e na tarifa de ônibus. Em Caracas, naquela manhã de domingo, trabalhadores e estudantes decidiram que era hora de dar um basta. Ao invés de pagarem a nova tarifa, começaram a incendiar os ônibus, ocupar os terminais e bloquear as ruas. Enquanto o ódio dirigiu-se primeiro contra os cobradores, não demorou muito para que se voltasse em direção ao governo. Os ônibus em chamas logo deram lugar a marchas e protestos, vidros quebrados, lojas saqueadas e quase uma semana de tumultos em todo o país.

Imagens granuladas do noticiário sobre a rebelião mostravam a população desinibida saqueando e, embora alguns cobrissem seus rostos, a maioria nem se preocupava com isso. Afinal, eles estavam pegando objetos que mereciam, mas que haviam sido privados de ter. Produtos básicos que haviam se tornado caros demais ou difíceis de encontrar foram rapidamente descobertos, escondidos em estoques e armazéns. Agora estavam sendo redistribuídos diretamente pelo povo, que carregava nos ombros o máximo de coisas possíveis – de whisky importado a pedaços inteiros de carne –, subindo com eles até as favelas que cercam a cidade. Em alguns casos, a polícia local – que obviamente percebeu que, mesmo se tentasse, não conseguiria evitar os saques – até ajudou a deixar o processo mais ordeiro.

Assim foi o *Caracazo*, a "explosão em Caracas", que logo se nacionalizou, prolongando-se durante semanas inteiras em algumas regiões. O *Caracazo* marca a primeira de uma série de rebeliões latino-americanas contra a propagação das reformas neoliberais que derrubariam presidentes e destruiriam partidos políticos por todo o continente. Na teoria, o neoliberalismo defende minimizar o papel do Estado em favor do livre mercado, mas na prática, o Estado desempenhou um papel central garantindo as reformas neoliberais na ponta do fuzil, tanto na América Latina quanto em outras partes do mundo. No Chile, quando Augusto Pinochet derrubou Salvador Allende, presidente socialista democraticamente eleito, em um golpe de Estado apoiado pela CIA, em 1973, ele transformou o país em uma zona de experimentos radicais para a economia de mercado.

Ao longo dos anos 1980, o aumento da taxa de juros norte-americana desencadeou uma crise na dívida externa em toda a América Latina, dando ao FMI e ao Banco Mundial um pretexto para forçar reformas neoliberais mais amplas.[1] Países pobres e sobrecarregados com enormes dívidas não tinham alternativa a não ser implorar socorro financeiro às duas instituições. O nó atado aos empréstimos eram chamados de "ajuste fiscal", mas esta terminologia polida oculta uma realidade brutal. Na prática, as reformas neoliberais significaram cortes de salários, demissões de professores e outros funcionários públicos, corte

[1] David Harvey, *O neoliberalismo: história e implicações*. São Paulo: Editora Loyola, 2007, p. 38.

de gastos sociais e privatização de bens públicos pela venda de recursos naturais e serviços como água e gás – não para quem pagava mais, mas para quem corrompia melhor. Pressionados por financiadores internacionais, governos entregaram sua soberania ao reestruturar suas economias segundo os ditames do mercado global, dando às corporações estrangeiras amplos poderes, enquanto elas praticamente não pagavam impostos e, de quebra, eliminaram todo e qualquer tipo de controle de preços que protegiam os mais pobres na América Latina.

Década perdida

Na Venezuela, os preços da gasolina e passagens de ônibus foram a gota d'água. Ao menos desde 1983, após uma década de crescimento bancado pelo petróleo, a economia venezuelana entrou em crise quando o preço do barril caiu e a moeda rapidamente se desvalorizou, fazendo com que os salários e o dinheiro no bolso das pessoas sumissem do dia para a noite. Um jornal saudou a medida, que até hoje é conhecida como "Sexta-feira Negra", com uma manchete anunciando: "A festa acabou".[2] Uma série de pacotes de reformas neoliberais foram implementadas, com um único denominador comum: eliminar todas as garantias que existiam para proteger a população venezuelana das rapinas da economia global. Isto significou retirar os controles de preços sobre bens de necessidades básicas, liberar

2 A partir daqui baseio-me em Margarita López Maya, *Del viernes negro al refrendo revocatorio*. Caracas: Alfadil, 2005.

as taxas de juros, reduzir todos os subsídios – incluindo o da gasolina – e aumentar o custo dos serviços públicos.

O resultado, na Venezuela e em outros lugares, não foi o crescimento prometido pelos economistas e ideólogos neoliberais, muito pelo contrário: na América Latina fala-se em uma "década perdida", onde a única coisa que realmente cresceu foi a pobreza e o desemprego. Ao final dos anos 1980, cerca de metade dos latino-americanos viviam na penúria, com cerca de 70 milhões tornando-se pobres apenas naquela década. Em 1989, a economia venezuelana encolhia, a inflação estava em 85%, e os despossuídos pagavam pela crise: mais de 44% das famílias viviam na pobreza, quase metade delas na pobreza extrema.

Contra este cenário, o candidato a presidência Carlos Andrés Pérez desempenhou um papel de salvador carismático. Sendo o responsável por um *boom* do petróleo durante seu primeiro governo no início dos anos 1970, Pérez relembrava os bons e velhos tempos, e suas grandes promessas tentavam reavivar as esperanças. Sua campanha eleitoral de 1988 deu eco às frustrações populares com o sistema financeiro internacional em que países periféricos eram pressionados por dívidas impagáveis. Pérez denunciou o FMI como uma "bomba que só mata gente", acusou o Banco Mundial de "genocida", e incentivou a resistência coletiva entre as nações endividadas do mundo. Assim que eleito, porém, deu um giro inesperado: em troca de bilhões de dólares em empréstimos do FMI, ele assinou um plano de ajuste fiscal ainda mais radical que o de seus antecessores.

Quando a revolta está no ar, entretanto, promessas não cumpridas podem ser fatais. A ampla percepção de que Perez tinha traído suas promessas de campanha, que muitos caracterizaram como "propaganda enganosa" e "estelionato eleitoral", teve relação direta com a fúria que os venezuelanos liberaram nas ruas durante o *Caracazo*. Perez retribuiu a cólera em espécie. Incapaz de suprimir a rebelião por outros meios, declarou Estado de Emergência e enviou o exército e a polícia às favelas que cercavam a capital para reprimir o levante. Matando muitos de seus semelhantes, jovens recrutas do exército metralharam blocos inteiros de apartamentos, deixando buracos de balas visíveis até hoje. Em apenas um incidente, o exército abriu fogo contra uma multidão nas escadarias de Mesuca, na favela de Petare, ao sul de Caracas, matando mais de vinte moradores. Quando tudo terminou, centenas, senão milhares, haviam sido assassinados. Não há consenso em torno dos números, pois diversos corpos foram simplesmente jogados em valas comuns que até hoje estão sendo descobertas.

Guinada à esquerda

Dado o fracasso brutal das reformas neoliberais pela região como um todo, mais tarde o *Caracazo* seria repetido em uma série de rebeliões dentro e fora do continente. Apenas um ano após a rebelião em Caracas, movimentos indígenas no Equador responderam às reformas neoliberais com o levante de Inti Raymi (1990), desencadeando uma série de reações que mais tarde levariam três presidentes a serem derrubados pela força das mobilizações. No mesmo dia em que o Tratado Norte Americano de Livre Comércio (NAFTA) ganhou validade, provocados pela abolição dos direitos comunais à terra executada pelo governo mexicano para agradar os EUA, a rebelião zapatista no sul do México (1994) chacoalhou a História e desde então ajudou a inspirar movimentos pelo mundo, ao mesmo passo que abalava a legitimidade de um sistema político corrupto. Lutas na Bolívia contra tentativas de privatizar primeiro a água (2000), e depois o gás (2003), levaram a derrubada de dois presidentes.

Essas rebeliões de base, porém, fizeram mais do que simplesmente destruir. Através da resistência ao neoliberalismo, novos movimentos surgiram, novas alternativas foram construídas e novos líderes levados ao poder: Hugo Chávez na Venezuela, Evo Morales na Bolívia e Rafael Correa no Equador contribuíram para um giro continental mais amplo à esquerda, descritos internacionalmente como "onda cor de rosa". Mais importante do que isso: surgiam novas formas democráticas locais, participativas, diretas e comunais – em síntese, irreconhecíveis na perspectiva do velho e corrompido formato de democracia que estava em crise na região.

Por exemplo, quando o Estado falhou em garantir a distribuição de água potável às comunidades de Cochabamba, na Bolívia, os moradores não procuraram a solução via eleições, mas assumiram as coisas com as próprias mãos. Juntos cavaram poços e mantiveram eles próprios a distribuição da água de forma participativa e democrática, construída sobre as tradições indígenas e de esquerda. Quando os direitos à água foram mais tarde vendidos para a multinacional Bechtel, estas mesmas organizações locais ergueram barricadas na entrada da cidade e resistiram coletivamente à medida, desencadeando uma sequência de acontecimentos que transformou o país.

Anos depois, estas novas experiências com a democracia se espalharam pelo mundo, com os Indignados da Espanha, os protestos na Praça Tahrir e o movimento Occupy Wall Street, todos combatendo o neoliberalismo através das práticas de ação direta, debate e gerenciamento coletivo. Alguns chamariam esta nova forma de autogoverno de "democracia direta" ou "democracia radical"; outros insistem que é a única forma de democracia digna do nome. O que o desenvolvimento desta forma de autogoverno pode resultar ainda não está claro, principalmente porque ela busca responder a um desafio inevitável: como canalizar a energia espontânea da rebelião em novas formas de organização política, e como garantir que estas formas não venham a trair suas origens rebeldes.

Chávez e o Movimento Bolivariano Revolucionário

Na Venezuela, a rejeição ao neoliberalismo durante o *Caracazo* levou não apenas à eleição de Chávez, mas também a uma longa e contínua experiência na democracia radical que continua até hoje em novas instituições locais de autogoverno, conhecidas como *comunas*. Na época do *Caracazo*, Chávez e outros estavam conspirando não só dentro do exército, mas também junto a grupos revolucionários clandestinos, porém, a rebelião espontânea do povo nas ruas pegou-os de surpresa, forçando-os à ação. No dia 4 de fevereiro de 1992, o Movimento Bolivariano Revolucionário tentou derrubar Pérez em um golpe de Estado que fracassou na tentativa de tomada do poder, mas tornou Chávez um herói do dia para a noite.

Foi apenas pela combinação do impacto do *Caracazo* e o fracasso do golpe que Chávez seria mais tarde eleito presidente em dezembro de 1998, em meio ao colapso do corrupto sistema bipartidário. A primeira tarefa do novo governo foi executar sua mais importante promessa da campanha: reescrever a Constituição Venezuelana. Nos primeiros seis meses após a posse de Chávez, no início de 1999, uma assembleia constituinte foi eleita, e antes do fim do ano a Constituição Bolivariana foi aprovada em um referendo nacional. A nova Constituição, escrita com a participação dos movimentos sociais e dos Círculos Bolivarianos de base, prometia expandir os gastos sociais e a democracia participativa.

Os gastos sociais vieram primeiro, com o governo bolivariano tentando enfrentar a pobreza e a exclusão social herdada após mais de uma década de reforma neoliberal. Mas mesmo após eleito, o governo Chávez não controlava o cofre da empresa nacional de petróleo, a PDVSA. A revolução democrática não se iniciaria de fato até o vendaval causado pelo breve golpe de Estado contra Chávez em abril de 2002. A oposição apoiada e financiada pelos EUA sequestrou o presidente e aboliu a nova Constituição, mas rapidamente foi empurrada para fora do poder por mobilizações de massas e barricadas nas ruas. Derrotados politicamente, mas não economicamente, as forças opositoras travaram toda a indústria de petróleo no final de 2002. Eles foram novamente derrotados, desta vez por operários petroleiros que tomaram as instalações após mais de dois meses de caos.

Com a produção do petróleo firmemente nas mãos do Estado, o governo bolivariano procurou cumprir suas promessas de gastos sociais, em particular com a criação de uma série de missões bolivarianas. Misión Barrio Adentro, por exemplo, que levou saúde gratuita aos bairros mais pobres com clínicas atendidas por médicos cubanos; uma série de missões para levar educação gratuita, da alfabetização básica até o nível universitário; Misión Mercal que fornecia comida subsidiada e Misión Vuelvan Caras (meia-volta) que buscou erradicar a pobreza integrando os mais pobres – e estas foram seguidas por dezenas de outras.

Os efeitos destas políticas para reverter os estragos do neoliberalismo foram inegáveis: a pobreza nos domicílios foi cortada pela metade e a pobreza extrema em 63%. Isto sem contabilizar o impacto – mais difícil de medir – da expansão da comida subsidiada, saúde e educação gratuita. A Venezuela passou de um dos países mais desiguais da América Latina para um dos mais igualitários.[3] Porém, com a radicalização do processo bolivariano, os avanços foram para além do bem-estar social, em direção ao cumprimento da promessa constitucional por mais democracia participativa e direta. As bases desta democracia radical já haviam sido estabelecidas muito antes de Chávez e pelos próprios moradores das favelas venezuelanas.

[3] Mark Weisbrot, *Failed: What the "experts" got wrong about the Global Economy*. Oxford: Oxford University Press, 2015, p. 218-20.

Urbanização desenfreada na economia petroleira

Hoje, mais de 90% dos venezuelanos vivem nas cidades. Se "perversão" significa literalmente "desviar-se" eticamente, a economia venezuelana tem sido pervertida pelo petróleo desde sua descoberta no início do século XX. Desde então, o país foi inteiramente redesenhado, com a vida política se desviando das necessidades da sociedade e se voltando ao mercado global, criando neste processo uma vasta distorção geográfica. Camponeses abandonaram um interior de fartura pela vida nas cidades, a maioria indo morar em favelas superpopulosas que formam um anel em torno das áreas urbanas. Enquanto os venezuelanos corriam à cidade, a produção agrícola – na verdade, toda produção doméstica – desabou. É indispensável compreender o formato desta perversão para entender a importância que as *comunas* têm hoje, assim como os desafios que enfrentam.

Em Caracas, este processo de urbanização foi intensificado pela economia petroleira: ponto nevrálgico para toda riqueza extraída do subsolo, a capital do país seduziu milhões de pessoas do interior com o falso brilho das promessas de acesso aos ganhos do petróleo. Foram estes novos residentes das favelas – aqueles que construíram sua moradia informal nos morros enquanto suavam em empregos informais na parte baixa do Vale – que encabeçaram a rebelião do *Caracazo* em 1989. A identidade coletiva e as lutas que surgiram no terreno caótico das favelas deram base a novos experimentos de democracia direta.

Em sua maior parte, estes não eram operários de fábricas se enfrentando com patrões no local de trabalho, mas trabalhadores informais prestando serviços ou circulando bens importados que inundaram a economia petroleira. Eles se enfrentaram não com um patrão de carne e osso mas com o próprio mercado, e suas demandas políticas não se centravam tanto em seu local de *trabalho* mas no local de *moradia*. O resultado, nas palavras de Dario Azzellini, é que muitos "venezuelanos se identificam mais fortemente com sua comunidade do que com seu trabalho".[4] Mesmo assim, obviamente, continuam sendo trabalhadores no sentido amplo da palavra, incluindo alguns dos venezuelanos mais pobres que trabalham sem contratos e benefícios, na correria para viver em uma cidade implacável.

Com o tempo, suas demandas por água encanada, educação, saúde, ruas pacíficas e moradia segura em um terreno instável, e atividades culturais e esportivas para a juventude, se traduziram todas em novos instrumentos de gestão comunitária. E como os venezuelanos se enfrentavam com um regime corrupto, e um sistema bipartidário democrático apenas no nome, é natural que buscassem formas democráticas mais radicais para se organizarem. As favelas criaram associações e depois assembleias espontâneas e organizações populares de autodefesa nos anos 1980 e 90, principalmente após o *Caracazo*. Eles começaram a governar e defender suas próprias comunidades – seus próprios territórios.

---

[4] Dario Azzellini, "Workers control under Venezuela's Bolivarian Revolution", in *Ours to Master and to Own: Workers' Control from the Commune to the Present*. Chicago: Editora Haymarket, 2011, p. 387.

Foram estas assembleias de base, participativas, que serviram de protótipo para aquilo que mais tarde viriam a ser os conselhos comunais – oficialmente reconhecidos como instituições para a autodeterminação a nível local. E foram estes conselhos – com a energia das bases e da identidade territorial que encarnavam – que mais tarde se juntariam sob a égide de unidades mais amplas conhecidas como *comunas*.

***

Nos capítulos que seguem, eu acompanho o surgimento das *comunas* venezuelanas não só por cima mas também a partir de baixo. Assim como o indivíduo Hugo Chávez não criou a revolução bolivariana – ela, ao invés disso foi um longo processo revolucionário que "criou Chávez" –, o mesmo vale para as comunas. Antes do Estado venezuelano assumir para si a tarefa de construir as comunas pelo topo, os revolucionários estavam construindo-as pela base. Como resultado, a relação entre as comunas – sementes para um futuro sem-Estado – e o Estado atual estão longe de ser tranquilas.

Me volto, então, às lutas atuais pelo espaço urbano, para mostrar como esses movimentos – que sempre foram a ponta de lança do chavismo – estão hoje lutando pelo direito à cidade, tomando o céu de assalto ao demolir muros que separam os ricos dos pobres. Se o chavismo revolucionário surge das favelas, aqueles que se opõem a ele vem das zonas cada vez mais fortificadas em que moram os endinheirados. No terceiro capítulo, eu analiso a tentativa de golpe em 2014, documentando o surgimento de novos movimentos sociais de direita, que habilmente se apropriaram de táticas, em geral, associadas à esquerda.

Depois, explico os perigosos conflitos que têm surgido dentro do chavismo hoje – sem insinuar respostas fáceis, apenas insistindo no poder criativo dos movimentos revolucionários de base – antes de me concentrar na rede de comunas que atualmente se espalham pelo cenário político venezuelano. O faço com incertezas, mas também com fé, ambas essenciais para compreender um processo que segue essencialmente em aberto. Os desafios que as comunas enfrentam são muitos, a começar pela crise econômica e os recentes ganhos políticos conquistados pela oposição. Mas, enquanto projeto para a apropriação e gestão do espaço de produção, as comunas podem se provar a melhor alternativa para fugir da crise. Karl Marx uma vez descreveu as comunas como a "forma finalmente descoberta" para a emancipação dos trabalhadores, e esta forma está sendo hoje preenchida com o conteúdo de centenas de milhares de revolucionários que se apropriam dela na construção de um socialismo particularmente territorializado na Venezuela.[5]

[5] Karl Marx, *A Guerra Civil na França*. São Paulo: Boitempo Editorial, 2011, p. 59.

Capítulo I
A história da Comuna bolivariana

À época de seu último grande discurso, dia 20 de outubro de 2012 – logo depois de ganhar sua última reeleição – Hugo Chávez sabia que estava morrendo, mas ele parecia com a mesma energia de sempre. Seus ministros de governo, por outro lado, pareciam suados e desconfortáveis, sem lugar para se esconder enquanto ele os mastigava diante dos olhos da nação, interrogando-os diante da televisão e exigindo retificação por seus erros. Chávez falou por mais de três horas, intercalado por comentários de ministros e relatórios de campo de vários locais tratando diferentes aspectos do projeto bolivariano. Ele protestou contra a corrupção no governo, ineficácia e ineficiência: "terei de continuar a gritar no deserto?" se queixava com irritação.

Esse discurso seria mais tarde conhecido como "Golpe de Timón", que em espanhol, ao pé da letra, significa mudança radical na direção.[6] A mudança discutida era a transição ao socialismo, prometida há tempos e executada parcialmente. É fácil demais, dizia Chávez, apenas chamar algo de "socialista" sem

---

[6] Hugo Chávez, *Golpe de Timón; I Consejo de Ministros del nuevo ciclo de la revolución bolivariana*. Caracas: *Correio del Orinoco*, 2012. Disponivel em http://www.psuv.org.ve/wp-content/uploads/2015/10/Golpe-de-Timón.pdf.

mudar fundamentalmente sua estrutura. Desde sua chegada ao poder, o Estado de bem-estar social aumentou a olhos vistos, mas a Constituição de 1999 prometia ir além: maior participação, democracia e uma nova Venezuela. Já em 2006, este projeto ambicioso tinha um nome – "socialismo no século XXI" – e implicava muito mais do que apenas melhorar o padrão social ou reduzir a pobreza. Seu objetivo era transformar o próprio poder político para criar algo "verdadeiramente novo". Para Chávez, o socialismo não se opunha à democracia, mas era *sinônimo* dela: "socialismo *é* democracia e democracia *é* socialismo".

As raízes para a construção da nova democracia bolivariana seriam os conselhos comunais, estabelecidos pela legislação de 2006. Essas instituições de participação direta e democrática para a gestão local rapidamente ultrapassaram a casa dos milhares, com vizinhos reunindo-se semanalmente para debater e discutir como se autogovernarem. Numa sala úmida decorada apenas com um pôster ou mural de Chávez, ou ao ar livre, em torno de uma panela de ensopado, os debates iam do corriqueiro ao importante, do local ao nacional, envolvendo tudo que existia no meio. Seja construindo novas estradas ou quadras de basquete, ou elaborando estratégias para lidar com a crescente violência urbana, os conselhos tornaram-se espaços vitais para a participação política na Venezuela. Mas, ao final de 2012, não estava inteiramente claro que face teria esta nova forma de socialismo nem como seria construída. Deveria o papel dos conselhos se limitar ao desenvolvimento local? Serviriam como mero instrumento de controle sobre o governo central? Ou estariam destinados a integrar algo muito mais ambicioso?

Para Chávez, a resposta tornava-se cada vez mais clara: o capitalismo era um "monstro" que iria engolir toda e qualquer alternativa pequena, local, e que um salto radical rumo ao socialismo era necessário para o processo bolivariano não perecer de um fim abrupto. Isto significava que os conselhos comunais, para não mencionar as outras cooperativas ou empreendimentos socialistas, por si só estavam condenados. Para os conselhos serem verdadeiros contrapontos à corrupção e burocracia do Estado petroleiro, eles precisariam se unificar e consolidar-se em *algo* muito maior. Este *algo* eram as próprias comunas, legalmente constituídas por uma lei de 2010, pensada para aproximar os conselhos comunais e outros organismos de participação em áreas cada vez maiores de autogoverno. Mas dois anos mais tarde nenhuma comuna havia sido criada, levando o presidente a enfatizar uma questão que pairava acima de todas as outras: "onde está a comuna?"

A pergunta dirigia-se aos seus ministros, e eles não tinham respostas. "Nós continuamos distribuindo casas, mas não vemos comunas surgirem". O problema não residia apenas na ausência de comunas legalmente registradas, mas em alguma coisa mais profunda. Segundo Chávez, ainda faltava "o espírito da comuna, que é algo muito mais importante, a cultura comunal". Ou seja, os ministros erraram e não conseguiam criar as comunas por cima, porque haviam esquecido que as comunas precisavam nascer por baixo: "A comuna – o poder popular – não vem do Palácio Miraflores, e nem será deste ou daquele ministério que seremos capazes de resolver nossos problemas".

Se Chávez houvesse dirigido sua pergunta para os ativistas de base, que sempre formaram a vértebra do chavismo, a resposta teria sido diferente. Alguns sem dúvida teriam apontado para o chão em que pisavam, como se dissessem: a comuna está *aqui*, Comandante.

Rede comunal

Embora os conselhos comunais e as comunas fossem reconhecidos pela lei nos anos de 2006 e 2010, é um erro afirmar que o Estado venezuelano os criou. Assim como Chávez não criou a revolução bolivariana, os movimentos revolucionários que "criaram Chávez" não pararam por ali. Continuaram seu trabalho de formação e construção dos espaços, erguendo formas participativas de governo radicalmente democráticas e construídas de baixo para cima.

Nos anos 1980, muito antes de os conselhos comunais existirem no papel e antes de Chávez virar uma figura conhecida, os moradores das favelas, lutando por autonomia local contra um sistema corrupto e bipartidário de governo, começaram a formar uma rede de assembleias de bairro para debater questões locais, assim como construir uma mudança revolucionária em nível nacional. Antes das comunas assumirem existência legal, muitos destes mesmos militantes começaram a expandir e a consolidar o controle comunal sobre amplas partes do território. Uma das principais organizações que constrói o poder comunal na atualidade – a Rede Nacional de *Comuneras* e *Comuneros* – foi fundada por ex-funcionários públicos que se afastaram do governo buscando formas mais independentes de organização. Como colocado por Karl Marx e por outros, "revoluções não são feitas com leis", mas sim por pessoas tomando e exercendo o poder diretamente.[7]

Estas comunas existem desde o momento em que as pessoas se juntaram em seus conselhos de bairro e disseram *basta*. Não é suficiente governar este cantinho da Venezuela ou aquele minúsculo pedaço do bairro. Chega de discutirmos apenas sobre as ruas e o encanamento de água, enquanto há lutas maiores a serem travadas. Não é suficiente a democracia direta em um raio de quatro quadras enquanto tudo que o bairro consome vem empacotado de longe, boa parte importado do exterior. Não é o suficiente ser uma pequena ilha de socialismo em um vasto oceano capitalista. Conselhos locais de bairro teriam de se conectar uns com os outros; precisariam enviar delegados e debater questões em maior escala: como governar paróquias inteiras, como colaborar no tema da segurança e infraestrutura, como cooperar na produção e distribuição daquilo que a comunidade realmente necessita.

Se o Estado não as criou, ele reconheceu legalmente a existência dos conselhos e depois das comunas, formalizando suas estruturas, para o bem e para o mal, e até mesmo incentivando sua expansão. Cerca de 45.000 conselhos comunais existem hoje, muitos dos quais foram incorporados pelas, agora, mais de 1.500 comunas. Dentro do aparato de Estado, as comunas não acharam melhor aliado que o próprio Chávez. Ciente

---

[7] Karl Marx, *Capital, Livro I*. São Paulo: Boitempo Editorial, 2011, p. 820.

da proximidade da morte, ele deixaria seu "Golpe de Timón" como uma espécie de testamento. Ele sabia que, ao partir, chavistas com distintas lealdades e visões de mundo inevitavelmente começariam a brigar em torno de quem melhor representava seu legado e – se a história pode servir como guia – alguns até mesmo usariam seu nome para trair seu legado. Ao dedicar o último discurso à expansão daquilo que descreveu como o "Estado comunal", Chávez deixava o mais claro possível que sua herança era a comuna. Ele dava para ativistas radicais a ferramenta imprescindível para provar que ser socialista é ser um *comunero*, e os que tentam enfraquecer o poder popular não passam de traidores.[8]

Autonomia local

Atualmente, não há duas comunas exatamente iguais. Algumas vezes uma comuna é um grupo de sessenta mulheres reunidas na sala para debater a construção de uma estrada local, criticando duramente os políticos da região. Outra hora é um coletivo de trabalhadores têxteis reunindo-se junto à comunidade para discutir as necessidades locais e como supri-las. Outras é um punhado de jovens em motocicletas tentando negociar uma trégua entre gangues, ou divulgando ideias a partir de um coletivo

---

[8] Ao longo do texto preferi não usar a palavra "communard", cuja referência à Comuna de Paris seria excessivamente direta, e nem a expressão mais genérica "commoner" [ou homem comum/plebeu, em português]. Em vez disso, para preservar suas variadas fontes e inspirações, deixo o termo no espanhol original.

de rádio ou canal de TV. Em geral são centenas de famílias rurais plantando banana, cacau, café ou milho, enquanto tentam reconstruir sua dignidade ancestral através de uma forma nova e mais coletiva. Algumas coisas, porém, não fogem à regra. O café é sempre muito doce e o processo é sempre difícil, interminavelmente confuso e imprevisível em sua inescapável criatividade.

O que é uma comuna exatamente? Em termos concretos, as comunas na Venezuela reúnem uma série de conselhos comunais – unidades locais democráticas de autogoverno – com unidades produtivas conhecidas como Entidades de Propriedade Social (EPS). Criar uma comuna é relativamente simples: participantes de um número de conselhos comunais adjacentes juntam-se, discutem, e convocam um referendo entre a população local. Uma vez que a comuna está aprovada e constituída, cada conselho comunal e unidade de produção envia um delegado eleito para o parlamento comunal – o órgão de mais alto poder deliberativo. Assim como os próprios conselhos, o parlamento baseia-se nos princípios da democracia direta. Qualquer um – assim como todos os representantes públicos eleitos segundo as determinações da Constituição de 1999 – é supervisionado pela comunidade e pode ter seu mandato revogado. As comunas garantem até a segurança local através de órgãos participativos de "defesa coletiva", e um sistema alternativo de justiça comunal que busca solucionar conflitos via "arbitragem, conciliação e mediação".[9]

---

[9] As citações abaixo referem-se à Lei Orgânica das Comunas e à Lei Orgânica para o Sistema Econômico Comunal, ambas de 2010.

Economicamente, as comunas são "espaços socialistas", o que significa que elas buscam produzir coisas que as pessoas necessitam localmente através de empreendimentos socialistas. Estes são explicitamente não capitalistas e controlados pelos operadores dos meios de produção. Eles podem ser de propriedade estatal ou, mais comumente, de propriedade e gestão direta das comunas. Propriedade direta dos meios significa que o próprio parlamento comunal – composto por delegados de cada conselho – debate e decide quem produz, quanto os trabalhadores recebem de salário, como distribuir o produto e como melhor reinvestir o excedente na própria comuna.

O objetivo das comunas – tendo as EPSs como coração produtivo – é construir comunidades autogeridas e sustentáveis, voltadas às necessidades coletivas internas. Mas a ênfase local não se dá à custa da consolidação de um poder comunal mais amplo. Ao invés disso, a Lei da Comuna aponta em direção à integração das comunas em uma ampla confederação regional e nacional. O objetivo é "construir o Estado comunal promovendo, dirigindo e desenvolvendo (...) o exercício de autogoverno pelas comunidades organizadas" e construir "um sistema de produção, distribuição, troca e consumo enraizado na propriedade social".

Com as comunas expandindo-se pelo território nacional, a lei também incentiva que busquem maior autoridade sobre seus bairros locais. Baseada no Artigo 184 da Constituição, a lei permite às comunas exigir a "transferência" da autoridade

---

Estas e outras leis referentes ao poder comunal podem ser encontradas na página https://www.mpcomunas.gob.ve/2017/01/23/leyes/.

de propriedade sob controle privado para as próprias comunas. Como veremos, a possibilidade de que a propriedade privada seja expropriada virou instrumento central para a expansão das comunas, assim como a meta mais geral da "transição em direção a uma sociedade socialista e democrática de igualdade e justiça social".

As fontes e inspirações para a comuna venezuelana são muitas, como qualquer *comunero* ou *comunera* dirá. Elas incluem não apenas a Comuna de Paris de 1871, mas também muitos movimentos locais anteriores e posteriores. Comunidades indígenas há muito tempo gerenciam suas vidas coletivamente, e quando escravos venezuelanos escaparam em direção às montanhas para construir quilombos, estas também, em geral, antecipavam as formas comunais: participativas, diretas e autogovernadas. A longa história das comunas venezuelanas, portanto, antecede Chávez ou mesmo o grande libertador latino americano Simon Bolívar, que ajudou a libertar o continente da dominação espanhola no início do século XIX. Tais experimentos não foram todos iguais, e nem todos configuravam comunas, no sentido estrito do termo, e alguns eram mais democráticos do que outros. Mas cada momento apontava em direção à exigência fundamental de controle sobre o dia a dia, uma busca por um tipo de poder coletivo que Marx sugeriu quando descreveu a comuna como o "autogoverno dos produtores".[10]

---

[10] Karl Marx, *A Guerra Civil na França*. São Paulo: Boitempo Editorial, 2011, p. 57.

Território e utopia

Enquanto movimentos sociais radicais e ativistas de base nas favelas faziam experiências de autogoverno através de assembleias populares, Chávez construía um movimento conspiratório no exército. Assim como outros jovens soldados, ele também estava em contato com o movimento revolucionário clandestino, em particular com uma figura que seria ainda mais importante para o formato que as comunas tomariam: o comandante guerrilheiro Kléber Ramírez Rojas. Quando Chávez e outros planejavam seu golpe em 1992 contra o corrupto e violento sistema bipartidário, Kléber estava elaborando os documentos fundadores de um novo sistema político a ser estabelecido se o golpe desse certo. O objetivo da conspiração, segundo aqueles documentos, não era simplesmente tomar o Estado, mas imediatamente substituí-lo por algo muito diferente, que Kléber chamava de "Estado *comunero*", e que Chávez mais tarde denominaria "Estado comunal".[11]

Para Kléber, um veterano da luta armada influenciado não só pelo marxismo europeu, mas também pela luta venezuelana contra a escravidão e o colonialismo, este novo Estado alternativo era, na prática, um não-Estado. Para ele, o poder comunal significava a dissolução do poder político na própria comunidade; representaria o "alargamento da democracia no qual as comunidades assumem os poderes fundamentais do Estado". Isto não era simplesmente a "descentralização", aquela palavra-chave

[11] Esta e outras citações são de Kléber Ramírez Rojas, *Historia documental del 4 de febrero*. Caracas: El Perro y la Rana, 2006.

dos defensores do neoliberalismo dos anos 1990, que buscavam reduzir o papel do Estado não a favor da comunidade, mas do capital. A alternativa comunal vislumbrada por Kléber e Chávez nunca teve, enquanto objetivo, a descentralização do poder, mas a organização do poder nas favelas e no país de baixo para cima.

Mesmo que um Estado *comunero* não seja um Estado em si, ele ainda envolveria milhares e milhares de conselhos de bairro amplamente democráticos, através dos quais os venezuelanos iriam tomando cada vez mais controle sobre suas vidas. Eles elegeriam seus próprios delegados políticos e sua força policial; eles decidiriam o que produzir e para quem. Pessoas comuns estariam constantemente envolvidas na gestão de suas comunidades locais, e as instituições deixariam de se colocar acima e separadas do povo. Este tipo de organização já estava surgindo em assembleias nas favelas que brotaram na época do *Caracazo*, mas Kléber viu um perigo nesses encontros esparsos, com suas permanentes celebrações de democracia horizontal e autonomia local. O poder comunal, ele argumentava, não poderia permanecer disperso; ele precisava unificar-se a um amplo horizonte de luta por libertação nacional, tornando-se neste processo um poder, uma alternativa.

Ao invés do Estado sobre as pessoas, o poder comunal seria a concretude da relação dinâmica entre o povo e as instituições que Kléber descreveu – de forma provocativa e paradoxal – como o "governo da insurreição popular". Esta era a visão, mas o golpe de 1992 deu errado, Chávez e outros foram presos, e o horizonte da comuna submergiu novamente, apenas para reaparecer mais tarde. Da prisão, Chávez começou a aprofundar essas ideias para teorizar a transição rumo a uma nova forma de poder político na Venezuela. O jovem soldado colocava ênfase, em particular, na necessidade de se construir um sistema "policêntrico" radicalmente reorganizado e de poder participativo, que iria, em suas palavras, aproximar-se do "território da utopia". Estas duas palavras – território e utopia – são essenciais para compreender as comunas na atualidade.

Quando Chávez começou seu discurso do "Golpe de Timón" vinte anos mais tarde, ele o fez segurando uma edição volumosa de *Para Além do Capital*, de István Mészáros. Assim como Kléber Ramírez Rojas, Mészáros – um marxista húngaro – teve grande impacto na compreensão do próprio Chávez sobre o papel das comunas na transição em direção à sociedade socialista. Especificamente, Mészáros destacou que o socialismo deveria ser radicalmente democrático, chegando até mesmo a argumentar que a autogestão participativa é o "padrão de avaliação" pelo qual o progresso em direção ao socialismo poderia ser medido. Mas enquanto Chávez citava Mészáros como autoridade e inspiração, era o próprio Chávez que, em parte, havia inspirado a ênfase de Mészáros na democracia participativa e radical.[12]

---

[12] István Mészáros, *Para além do Capital: rumo a uma teoria da transição*. São Paulo: Boitempo Editorial, 2002, p. 861. As palavras do próprio Chávez acima são citadas por Mészaros (p. 830).

Mito revolucionário

Então *onde* encontra-se a comuna? Quando Chávez fez esta pergunta em 2012, o futuro deste ambicioso projeto comunal estava pouco garantido. Mas desde então, e graças ao seu discurso "Golpe de Timón", o projeto comunal avançou a largos passos. Depois da morte de Chávez, em 5 de março de 2013, o recém-eleito presidente Nicolás Maduro nomeou Reinaldo Iturriza ministro das Comunas. Um radical com raízes profundas nos movimentos de favelas e juventude, marcado pela ênfase militante na participação popular e cultural, Iturriza buscou revitalizar a visão chavista, expressa no discurso do "Golpe de Timón", garantindo a expansão nos registros das comunas. De meia dúzia de entidades listadas entre 2010 e 2013, logo centenas e depois mais de mil comunas surgiram, e Maduro falava abertamente da necessidade de "destruir o Estado burguês". Em 2016, no site do ministério, o número em tempo real de comunas era de 1.546, além dos mais de 45 mil conselhos comunais, e milhares de EPSs registradas em 2013.

Em um importante passo à frente, 2014 viu as comunas darem um salto em sua autoridade, integrando e consolidando uma estrutura nacional. Elas agora elegiam delegados a confederações em nível estadual com seus próprios parlamentos que, por sua vez, enviava delegados a um conselho nacional presidencial trabalhando diretamente com Maduro. Enquanto alguns, principalmente do lado de fora da Venezuela, podem interpretar tal conexão direta com o presidente como algo que reforça a autoridade centralizada em sua figura, muitos militantes discordariam. Para o dirigente nacional Geraldo Rojas, que viaja o país facilitando o estabelecimento e a consolidação das comunas, o conselho presidencial representa uma reunião entre iguais. Trata-se, na verdade, de uma força confederada de poder comunal e um presidente que, ao menos até o atual momento, tem apoiado as comunas.

Enquanto funcionário do governo – "até eles me demitirem", brinca – Rojas mostra-se flexível e aberto na sua visão de como construir esta forma de poder comunal. Quando perguntamos a ele se as comunas têm sido um sucesso ou um fracasso, se estamos ganhando ou perdendo, ele, corretamente, zomba da inocência da pergunta. O projeto está avançando, insiste, apesar de medir suas palavras. Algumas comunas funcionam melhor e exercem mais alto grau de participação que outras? Algumas comunas produzem mais que outras? Sim, algumas produzem mais bens – milho, banana, café e açúcar – enquanto outras, como veremos nos próximos capítulos, na prática não produzem muita coisa. Mas estas também são espaços em que moradores estão tentando construir uma nova cultura e forma de autogoverno radicalmente democrática que, segundo Rojas, "existe e é tangível agora mesmo em muitas partes do país".

Seria um erro, insiste Rojas, definir a comuna de maneira excessivamente rígida, engessando-a pelo topo, enquanto em última instância ela precisa ser determinada pela participação de milhões pela base. Ele afirma, principalmente, que a comuna é melhor entendida como um tipo de mito revolucionário, ao invés de uma forma fixa prescrita, que pode servir à mobilização das massas para se fazer o impossível e criar algo de todo novo.

Se Marx uma vez descreveu a comuna como "essa esfinge que põe tão duramente à prova o entendimento burguês", a Venezuela contemporânea nos mostra que ela pode ser igualmente dura para aqueles que veem nela seu próprio futuro.

Esses mitos revolucionários são mais necessários do que nunca, e os anos transcorridos desde a morte de Chávez têm sido tempos urgentes para os revolucionários venezuelanos. Sua morte coincidiu com uma queda global no preço do petróleo, drástica o suficiente para jogar a estabilidade do processo bolivariano em crise e fortalecer seus oponentes. Forças antichavistas aproveitaram-se da crise econômica – que tem testemunhado uma inflação dramática e falta de bens básicos – para mobilizar eleitores descontentes, dando ao chavismo uma derrota sem precedentes nas eleições à Assembleia Nacional de dezembro de 2015. Mas apesar da profunda crise política e econômica vinda do topo, militantes de base avançam na construção de um ambicioso projeto comunal por baixo.

Hoje, o projeto comunal une e condensa a energia revolucionária dos movimentos de base venezuelanos – é o projeto dos projetos, aglutinando inspirações de distintos setores e suas lutas. No processo, as comunas encarnam tanto o presente quanto o futuro do processo bolivariano: com a comuna e a Revolução. Mas permanecer na vanguarda do movimento histórico é ocupar uma posição difícil e instável, avançando sem uma cartilha a ser seguida.

Dessa posição, nada é garantido. Na prática, o inverso se aplica: a sorte nunca joga para o nosso lado. E isto fica claro com a persistência da corrupção e da burocracia, a crescente crise econômica e da contínua agressão feroz dos inimigos na Venezuela. "Nós estamos no momento mais difícil da revolução bolivariana", confessou Rojas, com uma espécie de orgulho exacerbado, "mas *companheiro*... é nas comunas que está nossa vitalidade política".

Capítulo II
As favelas e a luta pelo espaço urbano

Em Caracas, os ricos sentem-se cercados há décadas. Eles estão cercados – e nunca estiveram tanto quanto hoje. Suba ao topo de qualquer prédio, e você terá uma vista de quase 360 graus das favelas que fazem um anel em torno dos morros da cidade, rompidas apenas ao norte pelo montanhoso Parque Nacional El Ávila, conhecido desde 2011 pelo nome indígena de *Waraira Repano*. Esta cadeia de montanhas, que antes protegia a cidade dos piratas do Caribe, hoje resguarda os ricos de uma ameaça igualmente assustadora – os pobres. Eles refugiam-se nos seus enclaves endinheirados, escondidos ao sul do Parque Nacional, onde a construção das favelas é proibida. Na contramão do êxodo branco de algumas partes do mundo, em que as elites abandonam o centro urbano rumo aos arredores menos poluídos e mais verdejantes, seus equivalentes venezuelanos encastelaram-se: construíram muros altos e organizaram patrulhas, pagando por guardas e novos sistemas de segurança, recusando-se a partir.

As fronteiras são afiadas. A parte rica, ao leste de Caracas, encerra-se abruptamente no ponto em que a rodovia Francisco Fajardo dá uma guinada ao norte em direção às montanhas. Enquanto a cidade expandia-se para o leste, migrantes pobres assumiram o controle da área, construindo barracos onde antes havia uma velha plantação de cana de açúcar. Mas no início dos anos 1960, uma série de governos criminalizou tais ocupações, antes de eventualmente expulsá-las, arrancando suas raízes frescas e empurrando as residências ainda mais ao leste para construir a estrada. A ideia era erguer modernos condomínios também no refúgio, nesta barreira de asfalto antes exclusiva dos pobres. Hoje estas ruas, bem planejadas e alinhadas, são separadas por espaços verdes, seus ângulos nítidos de noventa graus são projetados verticalmente nos edifícios que a ela se alinham.

O outro lado da rodovia, porém, é um emaranhado denso de ruas sem demarcação, vielas, caminhos, e centenas de milhares de casas autoconstruídas justapostas umas sobre as outras. Assim é Petare, a maior e mais perigosa favela de toda a Venezuela, se não da América Latina. Depois que Chávez foi eleito, a oposição logo o acusou de dividir o país com sua retórica agressiva em defesa dos pobres e contra os oligarcas. Em resposta, os chavistas começaram a circular um *meme* baseado na imagem da Avenida Fajardo – uma fita de asfalto que divide os ricos dos pobres – com a frase incrédula: "Foi o Chávez que nos dividiu?" A mensagem é clara: a quebra estava lá muito antes de Chávez ajudar a revelá-la.

A cisão é clara até mesmo na linguagem. No início, os ricos chamavam os moradores da favela de marginais, e o termo corretamente descrevia a segregação que sofriam. Atraídos à capital por promessas de acesso fácil às riquezas do petróleo, os recém-chegados acabaram confinados nas periferias das cidades. Foi no terreno instável dos morros que cercam Caracas onde primeiro ergueram casas de papelão, depois zinco, e, finalmente, de alvenaria quando os assentamentos informais ganharam certo grau de permanência. Porém, nunca foram realmente permanentes: faltando uma fundação estável – legal ou geológica – seus moradores terminariam expulsos por despejos do governo, ou pelo próprio terreno precário que os traía em deslizamentos imprevisíveis, com frequentes torrentes de lama, levando vidas humanas de roldão.

Apesar de rotulados marginais, os habitantes destas favelas desempenhavam, na verdade, um papel imprescindível ao sistema de circulação do capital. Estas eram as pessoas que cozinhavam para os ricos, limpavam suas casas, cuidavam de seus filhos, estacionavam seus carros, e tomavam conta das suas posses e prédios. Os ricos na Venezuela sofriam consequentemente da permanente contradição de serem elites coloniais e capitalistas: eles dependiam do trabalho do povo que queriam evitar a qualquer custo. No início dos anos 1980, uma crise regional na dívida da América Latina coincidiu com uma queda abrupta no preço do petróleo, que deixou a economia venezuelana em parafuso. Movimentos revolucionários armados – herdeiros da luta guerrilheira dos anos 1960, mas há muito tempo isolados das comunidades pobres – capitalizaram o descontentamento geral nas favelas com o aumento da violência causada pelo tráfico e a necessidade de água potável, eletricidade, escolas e assistência médica.

Incapaz e sem vontade de atender às necessidades dos pobres, o sistema bipartidário, cada vez mais corrupto e distante, respondeu à rebelião com massacre, matando vinte e três guerrilheiros em Cantaura, em 1982, nove estudantes ativistas em

Yumare em 1986, e quatorze pescadores desarmados em El Amparo, em 1988. Mas nada se compara à devastação causada pelo ato final do *Caracazo* de 1989, provocado em resposta ao pacote neoliberal do então-presidente Carlos Andrés Perez. Durante o *Caracazo*, os pobres das favelas na Venezuela saquearam tudo o que podiam, de bens básicos a bebida importada. Mas, sobretudo, tomaram as cidades, extrapolaram os limites da segregação informal, e entraram em áreas antes reservadas apenas aos ricos.

Nunca os espaços dos endinheirados, das elites brancas da Venezuela, foram violados tão rapidamente e de forma tão devastadora pelos pobres. Como resposta, a retórica polida dos ricos foi substituída por expressões de racismo e ódio de classe misturada com denúncias contra a turba, a ralé, a horda. Até hoje, nada provoca mais pânico entre os ricos do que ver um motoboy, ou *motorizado*, atravessando de forma imprevisível as fronteiras deste terreno informalmente segregado. Muitos *caraqueños* ricos ainda falam do *Caracazo* como o dia em que, usando uma frase particularmente desumanizadora, "o morro desceu". Foi quando os pobres entraram ali não como indivíduos buscando empregos mal pagos, mas como um coletivo buscando igualdade. Ao matar centenas, ou até milhares, nas favelas há tanto tempo marginalizadas, o Estado colocou em ação movimentos sociais revolucionários e uma conspiração militar que eventualmente veria Hugo Chávez ser lançado à chefia do Estado.

Reforma urbana e segurança para os ricos

O choque e o medo causado pelo *Caracazo* inspiraram as elites a organizar reformas urbanas "progressistas" como a Lei Orgânica para o Governo Municipal, que alegava melhorar a gestão pública, ao descentralizar a cidade em municípios autônomos. Se a lei – anteriormente concebida, mas implementada a toque de caixa depois do *Caracazo* – foi apresentada com uma solução à exclusão social que criou a rebelião, na realidade, ela apenas piorou as coisas. Em dois anos, novos municípios nas partes mais ricas da capital separaram-se do resto da cidade, conseguindo autonomia do governo municipal, elegendo seus próprios prefeitos e – crucialmente – criando sua própria força policial.

Mais ricos do que a maioria das áreas urbanas, agora estes novos municípios, e principalmente o centro financeiro ampliado do distrito de Chacao, usaram a autonomia conquistada para sugar recursos ainda maiores do centro tradicional da cidade, que deixara de ser o polo de riqueza da capital. Aplicando seu recém-fortificado poder de polícia para limpar os bairros das populações marginais, estes enclaves de riqueza declaravam-se mais seguros quando comparados a outras áreas menos aquarteladas. No mesmo ano em que Chávez foi eleito, Chacao criminalizou os camelôs que compõem parte considerável da força de trabalho local; fiel a seu estilo, o município recentemente chamou atenção ao proclamar o objetivo de tornar-se a primeira zona "livre do grafite" na Venezuela.

A descentralização urbana foi vista como uma cura para todos os males por uma classe dominante que estava totalmente alheia à gravidade do problema como um todo. Na verdade, a pobreza urbana longe de ser uma anomalia era, sim, um sintoma vivo que oxigenava o próprio sistema, produto natural de classe de uma elite que carecia – e carece – de qualquer alternativa coerente para o desenvolvimento econômico e social da Venezuela. Ao lado desta descentralização do poder político e do policiamento em Caracas, os ecos do *Caracazo* expressaram inúmeras mudanças em pequena e grande escala, que cravaram o medo na própria arquitetura da cidade. Cercas elétricas, arame farpado, condomínios fechados, e até mesmo postos de controle logo viraram a regra. Nas palavras do poeta François Migeot:

> Nos seus empreendimentos urbanos
> Eles colocaram
> primeiro garrafas quebradas em cima de seus muros,
> depois
> barreiras e guardas armados
> arames farpados, grades
> cães raivosos
> e agora
> três fios de cercas elétricas
> como um campo nazi... [mas]
> o campo de concentração é a rua,
> os morros e a necessidade,
> o pó e a sucata
> aonde eles vivem, se Deus quiser.[13]

---

[13] François Migeot, *Andante con apuro*. Caracas: El Perro y la Rana, 2006.

Com a arquitetura cada vez mais militarizada, o mesmo repetiu-se no que diz respeito ao policiamento. O foco mudou de suspeitos individuais para populações inteiras, identificáveis por uma combinação de cor da pele e aparência "marginal". Caracas cada vez mais refletia a descrição de Frantz Fanon da Argélia colonial como um espaço maniqueísta, um "mundo em compartimentos... dividido em dois" e "habitado por espécies diferentes".[14]

Ocupar e resistir

Para as elites brancas que raramente viam negros ou indígenas venezuelanos na televisão, muito menos em cargos de poder, a eleição de Hugo Chávez em 1998 não foi menos violenta que seu golpe fracassado de 1992. As primeiras propostas políticas de Chávez eram moderadas, evitando reproduzir a linguagem do combate de classes e da reparação racial. E se um tal cuidado ajudou-o a conquistar algum apoio na classe média, a verdade é que muitos passaram a odiá-lo desde o primeiro dia. Seu rosto escuro de linhas indígenas davam-lhe os traços de um usurpador do trono, que sempre existiu só para eles. No entanto, quanto mais teimosamente estas elites o odiavam, mais Chávez entendeu que um compromisso com elas era impossível – tornando-se cada vez mais radical.

Em 2001, Chávez aprovou por decreto uma Lei de Terras drástica, que facilitou a expropriação da terra desocupada no

---

[14] Frantz Fanon, *Os Condenados da Terra*. Lisboa: Editora Ulisseia, 1970, p. 35-6.

interior. A medida foi acompanhada, em 2002, por um decreto similar para áreas urbanas, que não anunciou apenas mais distribuição de terra mas empoderou movimentos radicais de base para eles próprios transformarem essa promessa em realidade. O primeiro passo foi dar status legal aos chamados Comitês de Terra Urbana (CTUs), um dos primeiros instrumentos de participação popular a surgir no processo bolivariano. Os CTUs foram, na essência, uma forma para os habitantes das favelas obterem títulos legais sobre a terra que ocuparam e melhoraram, mesmo enquanto ela pertencia legalmente a outra pessoa.

Os CTUs, principalmente, fizeram da organização *coletiva* uma precondição à propriedade *individual*. Ou seja, para reivindicar uma terra, os moradores primeiro precisam organizar sua comunidade em uma CTU. Neste processo, esperava-se que os CTUs ajudassem a evitar a tendência comum, quando demandas sociais por terra acabavam desembocando no reforço, puro e simples, à propriedade privada capitalista. Em 2016, mais de 65 mil títulos urbanos de terra foram concedidos através das CTUs, beneficiando mais de um milhão de famílias.[15] Ao lado de outros mecanismos como as tabelas técnicas de água – que igualmente uniu os bairros para gerir coletivamente o acesso local à água potável – e mais recentemente os conselhos comunais e as próprias comunas, as CTUs integram uma ampla constelação de instituições participativas. Nelas, o poder constituído do Estado encontra-se com o poder constituído das bases.

---

15 "Más de 800 familias fueron beneficiadas con la entrega de títulos de tierras urbana," 25 de fevereiro de 2016, *Noticias24* - noticias24.com.

Quando estabelecidas, estas CTUs abrem espaço ainda maior para os movimentos de base e, assim, conseguem impulsionar mudanças mais decisivas. Estas incluem as táticas mais ousadas do Movimiento de Pobladores (movimento de ocupações), que liga as CTUs à redes de inquilinos, zeladores, trabalhadores de limpeza e apoio doméstico, assim como à "campos pioneiros", que constroem ocupações de terra. Mantendo alguns paralelos ao Movimento dos Trabalhadores Sem-Terra e Sem-Teto no Brasil, o movimento de ocupações usa táticas de ação direta, tomando a terra urbana primeiro antes de construir mutirões de moradia, e, apenas depois, exigindo o título legal. Tais táticas controversas, chamadas "invasões" pelos opositores, também geram desconforto entre os setores majoritários do chavismo, com muitos representantes do governo considerando-as excessivamente provocativas ou até mesmo anárquicas. Mas o movimento dos sem-teto as vê como parte essencial do que consideram ser uma guerra contra os "latifundiários urbanos", um termo que evoca os grandes proprietários de terra comumente associados ao campo. Apesar da controvérsia, o movimento dos sem-teto encontrou um aliado poderoso no próprio Chávez, que veio a abraçar o movimento e o direito a ocupar terrenos urbanos vazios.

Há mais de sete anos, o Movimento de Ocupações ajudou na organização de famílias que perderam suas casas por um deslizamento ao tomar um prédio comercial vazio de frente ao Boulevard Sabana Grande, no coração latente do centro da cidade. Hoje, noventa e oito famílias moram ali de forma coletiva e autogerida, compartilhando o trabalho de construir, manter e limpar os apartamentos e o edifício. Todas as decisões são tomadas de forma coletiva em assembleia. Pelas paredes vemos canos e fios, junto a buracos furados para consertos e nunca fechados, sendo o processo inteiro improvisado. No corredor, um cartaz organiza itens dos custos compartilhados de água e segurança, assim como um sistema de revezamento de limpeza nos espaços coletivos.

Militantes do Movimento de Ocupações afirmam que, na prática, estão realizando um efeito bumerangue na segregação da cidade. Eles insistem que estão retomando um espaço no centro da cidade pertencente às forças do capital financeiro, que expulsou os pobres. Quando os visitei, os organizadores de um Movimento de Ocupação estavam montando um radiotransmissor, 93.7 FM, com o qual acreditavam atingir a cidade toda a partir de um pequeno estúdio. Apesar da desinformação espalhada pelas mídias a respeito da liberdade de expressão na Venezuela, a imprensa comunitária floresceu depois que Chávez foi eleito, à exceção daqueles dois dias em 2002, quando a oposição tomou o poder e a imprensa independente foi atacada.

Com o apoio de técnicos experientes da Associação Nacional de Mídia Comunitária (ANMCLA), militantes soldavam os fios necessários e testavam o rádio transmissor. O equipamento requeria um local refrigerado, gerando um debate sobre onde localizar o ar-condicionado. Por fim, outro buraco na parede servia como prova de um experimento vitorioso de autogestão democrática. Na varanda, ao lado de fora, em meio a centenas de sacos de cimento, gesso, e outros suprimentos, militantes se espremiam em torno de um radiotransmissor: o teste foi um sucesso, e o canal de rádio seria lançado ainda naquela semana.

Com vista sobre o centro de uma das áreas mais povoadas de Caracas, em meio a sacos de cimento amontoados ao lado de canos e tubos de todos os tamanhos e formatos, dentro daquilo que pode ser descrito como uma comuna vertical, um jovem militante me confessou: "Nunca havia me envolvido politicamente antes. Eu nem ia ao nosso conselho comunal". Mas tudo mudou quando a casa de sua família foi destruída em um desabamento de terra, e ele e seus antigos vizinhos começaram a organizar-se pelo direito à moradia. Daquela luta específica, afirmou, sua consciência política deu saltos, e o pequeno grupo de vizinhos acabou tomando o prédio antes de pressionar o governo a expropria-lo.

Este retorno dos pobres ao coração da metrópole reacendeu, para muitos, memórias assombrosas daquela rebelião ocorrida vinte cinco anos antes, o *Caracazo*. A reação de alguns setores das elites ricas havia sido de pânico violento, mas não são apenas as ocupações dos sem-teto que geram tal medo. Ao longo dos últimos quinze anos, o governo compensou a urgente necessidade de moradia urbana, sobretudo em Caracas, com programas ambiciosos como o Misión Vivienda, que construiu mais de um milhão de moradias para pessoas com baixa renda desde 2011, e que tem como meta mais de 2 milhões em 2018.[16] Estas torres vermelhas e brancas de apartamentos residenciais inicial-

[16] N. do E.: De acordo com o site oficial do programa foram entregues, até janeiro de 2020, aproximadamente 3 milhões de moradias.

mente foram relegadas às áreas menos desejáveis e a locais "marginais". Porém, recentemente, começaram a surgir também nas zonas ricas no centro de Caracas, gerando protestos da oposição como resposta.[17]

Na véspera da eleição de Nicolás Maduro em abril de 2013, as marchas da oposição regularmente invadiam os projetos de moradia do governo da Misión Vivienda. Mais tarde, após sua vitória, o candidato derrotado da oposição Henrique Capriles convocou os seguidores a "libertar sua fúria" nas ruas. Alguns escolheram mostrar seu ódio num ataque mafioso à comuna *La Limonera*, no bastião oposicionista de Baruta, onde Capriles foi prefeito. Mais de duas mil famílias vieram morar neste território hostil, construindo uma fazenda comunal e uma oficina de carpintaria. Um dos carpinteiros, José Luis Ponve, foi morto ao lado de Rosiris Reyes – ambos alvejados quando manifestantes da oposição cercaram uma clínica de médicos cubanos. Segundo um jornalista que investigou o local, este foi um caso de "limpeza social", um termo que evoca a violência paramilitar da Colômbia, visto que os dois foram mortos pelo crime de ousarem viver numa moradia pública.

As elites venezuelanas entendem que "moradia digna" é sinônimo de retorno dos pobres ao coração da cidade da qual haviam sido expulsos de forma sistemática. Portanto não foi coincidência que estes ataques da direita tiveram como alvo projetos

[17] No início de 2016, a Suprema Corte Venezuelana barrou uma tentativa da Assembleia Nacional, controlada pela oposição, de converter os apartamentos da *Misión Vivenda* em títulos de propriedade individual, que poderiam ser revendidos no mercado privado.

públicos de moradia, assim como não foi uma coincidência quando, durante os protestos da juventude de 2014, discutidos no próximo capítulo, ações de grupos da oposição atacaram e incendiaram a sede do programa de moradia em Chacao. Não por acaso, o arranha-céu conhecido como Torre de David, tornou-se o símbolo dos temores da elite quando ele foi tomado pelos pobres.

Terceiro maior prédio de toda a Venezuela, a Torre de David foi abandonada antes de ser concluída em meio à crise financeira dos anos 1990. Mais de uma década depois, em 2007, famílias de sem-teto ocuparam a torre, transformando-a num gigantesco bairro vertical autogerido. Mesmo não sendo uma comuna no sentido estrito do termo, visto que não era gerida de forma democrática, a torre representava uma inegável expressão de dignidade popular e demanda legítima por moradia. Mas, ao invés deste prédio abandonado ser tomado pelo que era (a crise do velho) e o que a ocupação representava (a criatividade do novo), a Torre de David, de certa forma, tornou-se o símbolo assustador dos fracassos da Revolução Bolivariana.[18]

"Caracas sem o povo"

No início de 2012, um pequeno vídeo amador intitulado *Cidade do Adeus* viralizou, abrindo uma janela à mentalidade dos jo-

---

[18] Para um exemplo absurdo da demonização dos residentes pobres da torre que, ao mesmo tempo culpava o governo venezuelano por um problema que ele não causou, ver Jon Lee Anderson, "Slumlord", *New Yorker*, 28 de janeiro de 2013.

vens da elite tentados a abandonar a terra natal pelos confortos do gigante ao norte. Neste filme, entre experimentos artísticos amadores, perspectiva e interlúdios musicais, jovens descolados de vinte poucos anos, em apartamentos caros dos subúrbios endinheirados, revelam a tristeza de como, a cada fim de semana, há sempre uma festa de despedida dos amigos que vão abandonando a Venezuela. O filme, descrito até mesmo por um blogueiro da oposição no *Caracas Chronicles* como "incrivelmente vazio de autoconsciência", zomba do que se imaginaria ser "um bando de crianças ricas, brancas e mimadas conversando sobre como sentiam dó de si mesmas".[19] O filme reflete a total decadência de uma classe que perdeu privilégios de acesso a empregos no governo, e se vê forçada a depender do diminuto setor privado, ele próprio colado de forma parasitária a um petro-Estado inchado.

Cidade do Adeus foi achincalhado pelos chavistas e virou fonte de inúmeros memes. Fosse isso apenas a expressão tragicômica de uma elite deslocada, nós poderíamos celebrar sua partida e dar a questão como encerrada, sem lágrimas, mas rindo (afinal, mais pessoas se mudam para a Venezuela do que a abandonam). Mas na realidade, este desejo reprimido de fugir retornaria de forma vingativa nas expressões de ódio da classe média durante os protestos de 2014. No filme, uma jovem mulher, Raquel Abend van Dalen, que desde então abandonou a Venezuela em troca da cena literária de Nova York, medita que "Caracas seria tão perfeita sem o povo". Ela expressa um desejo nada encoberto de que os pobres voltem à obscuridade, ou algo

---

[19] O post de Francisco Toro foi apagado desde então.

pior. Outro pensa em voz alta "como será que esta situação toda vai acabar?".

Chávez *es otro beta*

Mais importante, e mais perigoso para o futuro da Revolução Bolivariana, são os conflitos de classe que surgem por dentro de suas fileiras, que podem reproduzir o ódio às favelas canalizado pelos ricos. Muitos líderes políticos veem os pobres com desprezo, como beneficiários dos programas de inclusão social, ao invés de participantes ativos da história recente. "Que absurdo é esse?", questiona Reinaldo Iturriza. "O povo ganhou isso e tem o direito de defendê-lo, e defenderam Chávez quando ele foi reintegrado ao poder, depois de derrubado por um golpe em abril de 2002".

Esta luta de classes por dentro do chavismo tem implicações culturais que ameaçam aprofundar a divisão entre os dirigentes políticos e a juventude das favelas. O próprio Iturriza chocou alguns chavistas quando afirmou, depois de trocar o Ministério das Comunas pelo Ministério da Cultura, seu gosto por reggaeton, estilo musical amplamente popular entre os pobres na Venezuela. As letras picantes do estilo, para não mencionar as formas provocadoras de dança que o acompanha, gerou um pânico moral em Puerto Rico nos anos 1990. Hoje um moralismo parecido é comum até mesmo entre revolucionários de mente aberta, para quem o gênero é excessivamente apolítico e abertamente machista e comercial.

Enquanto isso, imagens incomuns de Chávez começaram a aparecer nos murais pintados pelas vielas da favela de Petare. Eles o retratam de gorro, cantando rap, praticando esporte com óculos escuros de um cantor de reggaeton. Também mostram um Chávez mais próximo à realidade, tocando música *llanero* no acordeom, típica de sua região natal, Barinas. E havia, ainda, o líder empinando moto, musculoso lutando boxe, tatuado com os braços cruzados, e outro cortando o cabelo como nas favelas, com o subtítulo: "Chávez tem estilo".

Um único slogan unificou todas estas imagens: *Chávez es otro beta*. Os murais, obra do movimento, expressam tudo que o nome carrega: gíria da favela, o *beta* é o rolê principal, seja ele a droga, a gangue, ou ambas. Ao declarar *Chávez es otro beta*, estes jovens militantes tentam mostrar que a revolução é apenas mais um rolê, mais uma gangue à qual se juntar. Eles tentam provar que a própria cultura da favela, baseada em uma luta que vai contra todas as probabilidades, carrega um potencial revolucionário que apenas precisa ser redirecionado. Para estes militantes, além do mais, construir cultura revolucionária é uma via de mão dupla, cujo objetivo é politizar a juventude da favela e radicalizar o chavismo, ao construir uma revolução cultural dentro da própria revolução.

Enquanto setores mais oficialistas do chavismo tentam politizar novos recrutas fazendo-os sentar para ouvir uma palestra, a militante Gabriela Henríquez do Otro Beta explicou que "nós fazemos diferente", permitindo à juventude participar segundo suas próprias regras, sem renunciar a quem são ou de onde vem. Para este fim, os ativistas participam não apenas de mutirões de grafite, mas também de eventos culturais e torneios esportivos, enquanto tentam se adaptar ao terreno que querem organizar. Ao invés de negar de antemão a cultura hip-hop, eles a envolvem em um espírito participativo, organizando festivais de rap e também treinando a juventude da favela em produção musical e gerenciamento de eventos ao longo do processo.

Quando o Otro Beta recentemente organizou um torneio de esportes interbairros, a direção foi dada pela base. O evento teve não só basquete, mas também *pelotica de goma*, espécie de handebol jogado nas ruas com nada mais que punhos firmes e uma bola de plástico. O torneio inclui ainda truques mortais de motocicleta que vem se tornando marca registrada da vida na favela. Há pouco tempo, o Otro Beta lançou uma iniciativa, com o apoio do Ministério da Cultura de Iturriza, cujo nome diz tudo: "Cultura é na Favela". Muito disso, deve-se dizer, é visto com maus olhos por dirigentes chavistas endinheirados que reproduzem, mesmo que de forma natural e inconsciente, os velhos preconceitos de classe do antigo sistema.

Os organizadores do Otro Beta insistem que eles também estão construindo a comuna. À sua maneira, eles intervêm nas favelas, principalmente em Petare. Isto torna o trabalho deles arriscado – Petare é famosa por ser violenta – tornando-os alvo de tiros e assassinatos durante as atividades, sendo que estão trabalhando para estabelecer um cessar-fogo entre as gangues locais. Significa também que eles atuam em um território instável política e geologicamente, em que seus esforços de organizar "não apenas os que já se vestem de vermelho", mas aqueles que o processo bolivariano ainda exclui, torna-se uma luta difícil e constante.

Como nos mostra a história do processo bolivariano em sua totalidade, porém, os mais pobres dentre os pobres muitas vezes possuem uma consciência revolucionária embrionária. Até mesmo alguns malandros e membros de gangues atuam com base em uma ética extraída do cotidiano da desigualdade entre as classes: roubam nos bairros ricos, mas não em seus próprios locais de moradia. Esta consciência de classe instintiva muitas vezes pode gerar clareza política. Outro ativista do Otro Beta em Petare explicou como, durante os protestos organizados pela oposição em 2014, "os delinquentes assumiram, enquanto tarefa, desmontar os bloqueios de rua. Eles podem ser criminosos, mas também são chavistas, e têm noção clara disto". Quando perguntados sobre o impacto de sua militância em Petare, os ativistas insistiram que têm visto um aumento no apoio à revolução e uma redução na violência entre as gangues locais.

Chavismo cria seus próprios coveiros?

No lado oposto da cidade, subindo o morro da favela de Antímano com sua vista privilegiada de Caracas, fica claro que a luta cultural exigirá muito fôlego. Este também é um centro de atividade das gangues com longo histórico de conflitos territoriais violentos pelo controle do tráfico de drogas. Por conta e apesar deste histórico, a linha entre revolucionários e os chamados delinquentes por aqui é visceral. Mas, ao invés de tentar desconstruir esta distinção e integrar a juventude do bairro no chavismo, alguns membros da comuna *José Félix Ribas* participam ativamente de um esforço de intensificar as fronteiras, distinguindo o *nós* da comuna, do *eles* do crime.

Há pressões de diferentes lados. Muito jovens acabam não participando em organizações políticas sem que haja apoio institucional contínuo, e sentar em uma roda debatendo projetos locais de infraestrutura não é a coisa que um adolescente mais gosta de fazer. Mas quando chavistas politizados distinguem entre "bons" revolucionários e "maus" delinquentes, eles podem dar espaço para a ideia de que o mal deveria ser eliminado pela polícia. Se o centro do debate se tornar a comuna *versus* a juventude da favela, reproduzindo desconfianças entre os pobres, alimentará o mesmo tipo de ação policial violenta que caracterizava o regime político anterior, sofrendo a identidade chavista um golpe fatal.[20]

Latente neste assunto é outra questão ainda mais complexa: o que acontece com um movimento de pobres quando as pessoas não são mais pobres? À medida que a pobreza diminuía drasticamente e à medida que a saúde e a educação se tornavam amplamente acessíveis, a vida nas favelas mudava. Como resultado, enquanto muitos permaneceram pobres, outros perderam a paciência com o que consideravam uma cultura delinqüente: ninguém, de acordo com o argumento, precisa ser um criminoso hoje da maneira que era no passado, porque ninguém está

---

[20] Na ofensiva policial de combate ao crime de 2015, conhecida como "Operação Liberdade ao Povo", em que métodos linha-dura de policiamento foram usados como justificativa para prisões em massa e execuções extrajudiciais nas favelas, este risco tornou-se realidade.

morrendo de fome. Mas a questão nunca foi tão simples quanto o status socioeconômico, e traçar as linhas com muita força criará apenas uma profecia auto-realizável, na qual os mais pobres entre os pobres abraçarão os aspectos negativos da vida na favela às custas da Revolução.

Estes conflitos, para o sociólogo radical e ativista Ociel López, apenas se intensificaram com o "inchaço" do Estado via riquezas do petróleo e a criação de uma nova classe média chavista, "com seus interesses próprios e novos temores". Estes novos temores mimetizam muitos dos velhos medos dos ricos, para quem a juventude da favela, assim como os marginais do passado, provocam pânico e terror. O chavismo, em outras palavras, pode estar criando seus próprios coveiros. E se a revolução "perder influência nas favelas" onde ela começou, possivelmente perderá tudo.[21]

No momento, contudo, a geografia petrificada e segregada de Caracas e outras cidades está começando a dar sinais de rachaduras. Os mais pobres dentre os pobres, antes confinados aos bairros periféricos, estão começando a assumir a rédea das coisas, impulsionando o governo a reivindicar o espaço urbano e tornando-o seu. Mas os ricos raramente retrocedem sem pestanejar e, em 2014, encontrariam uma oportunidade para descarregar com violência seu ódio.

---

[21] Ociel Alí López, *Dale Más Gasolina! Chavismo, Sifrinismo y Burocracia.* Caracas: Fundación Casa Nacional de Letras Andrés Bello, p. 109-111.

Capítulo III
Contrarrevolucionários

Vivemos tempos cada vez mais marcados por revoltas e rebeliões, de criatividade radical nas ruas. De Londres a Paris, da Primavera Árabe ao Occupy, e mais recentemente, a fúria explosiva do movimento negro norte-americano em Ferguson e Baltimore. Com motivos, estamos animados com o calor da multidão; nosso pulso coletivo pode até subir ao vermos pneus queimados, máscaras e chamas, que há tanto tempo representam cacos do velho mundo por onde brilha a luz do novo. De fato, a rebeldia do presente deve muito à revolta – e à repressão – que marcou o despertar venezuelano e latino-americano do pesadelo neoliberal.

Mas enquanto a nova Venezuela nasceu da insurreição popular do *Caracazo* de 1989, recentemente ficou claro que nem todo fogo é um prenúncio de liberdade, nem toda máscara esconde o rosto de um camarada. Assumir o oposto é confundir forma com conteúdo e imagem com realidade. Neste sentido, os primeiros meses de 2014 serviram de alerta não só para a Venezuela, mas para uma esquerda global cada vez mais focada em teatros cataclísmicos e em posturas militantes, do que na dinâmica concreta da luta de classes.

Quando a direita venezuelana foi às ruas, sob a aparência de uma resistência popular espontânea a um regime autoritário, ela pacientemente estudou as ferramentas, imaginário e técnicas de rede social, antes associada a causas progressistas ou de esquerda. Manifestantes ocuparam de forma estratégica o Twitter, com *hashtags* desesperadas como #SOSVenezuela e #PrayForVenezuela, que ganharam *retweets* inocentes de celebridades como Cher e Madonna. O objetivo final era integrar seus protestos à narrativa global de revolta e resistência. Mas se a onda global de rebeldia eclodiu em oposição ao neoliberalismo e medidas de austeridade, buscando construir instituições de democracia participativa na praça Tahrir no Cairo ou no Parque Zuccotti, em Nova Iorque, muitos daqueles que foram às ruas na Venezuela tinham objetivos bastante distintos.

Os protestos de 2014, conhecidos entre os chavistas como *guarimbas,* pelas barricadas traiçoeiras que foram erguidas, tinham muito mais em comum com um retorno ao passado neoliberal do que com a construção de um futuro revolucionário. A *hashtag* que representava mais honestamente os objetivos daqueles combatentes de classe média do Twitter foi o original #LaSalida – indicando o objetivo de mudança de regime a qualquer custo. A forma pela qual os manifestantes se apropriaram dos símbolos da esquerda não foi acidental. Além disso, envolvia uma rede global de ONGs e fundações que têm gradualmente copiado os instrumentos da esquerda, como a não violência estratégica, protestos de rua e redes sociais, constituindo na contramão, uma jovem e nova direita latino-americana.

Novo ciclo golpista?

Superficialmente, a eclosão repentina dos protestos nacionais em fevereiro de 2014 pode ser vista como a intensificação de uma onda golpista anterior, que começou antes mesmo de Nicolás Maduro ser eleito para suceder Chávez. Logo depois da vitória estreita de Maduro em abril de 2013, o candidato da oposição, Henrique Capriles, convocou seus seguidores a "libertar sua fúria" nas ruas. O resultado foi ao menos onze mortos – a maioria chavistas – com ataques incendiários a sedes locais do PSUV, à casa do presidente da comissão eleitoral, e inúmeros outros prestadores de serviços sociais. Merecem destaque os ataques às clínicas com médicos cubanos voltadas à população mais pobre, 35 das quais foram atacadas após o jornalista da oposição, Nelson Bocaranda, espalhar a seus mais de um milhão de seguidores no Twitter a mentira que ali havia urnas escondidas.[22]

Mas havia uma dinâmica mais profunda em jogo. Ao final de 2013, Capriles aparentemente concluiu algo que a maioria da oposição venezuelana não conseguia entender: que ações radicais nas ruas conclamando a derrubada de um governo eleito poderiam satisfazer a extrema-direita, mas nunca ganharia a maioria da população. Tendo conquistado cerca de 600 mil dos votos chavistas em 2013, ao flexibilizar sua retórica e prometer não eliminar os principais programas sociais instituídos por

---

22 "Twitter de Nelson Bocaranda desata violencia contra CDI y médicos cubanos", *Correo del Orinoco,* 16 de Abril de 2013. Disponivel em: http://www.correodelorinoco.gob.ve/política/twitter-nelson-bocaranda-desata-violencia-contra-cdi-y-medicos-cubanos/

Chávez, Capriles pareceu entender que o caminho à vitória exigiria um lento trabalho político para ganhar mais votos. Porém, quando a margem de vitória eleitoral dos chavistas aumentou em 10% nas eleições municipais em dezembro de 2013, comparada ao 1,5% de diferença naquele mesmo ano nas eleições presidenciais, a oposição encontrou-se em um impasse.

Eles quase tiveram sua primeira vitória em eleições nacionais em duas décadas para, em seguida, ser absolutamente derrotados nas eleições local. Frente à perspectiva de um trabalho político de longo prazo voltado a construir bases eleitorais que talvez nunca conseguissem ganhar, os setores mais impacientes da extrema-direita rejeitaram a estratégia eleitoral de longo prazo de Capriles, e optaram pela estratégia de curto prazo de choque nas ruas. Encabeçando o movimento estavam dois agitadores fotogênicos da oposição venezuelana, Leopoldo López e María Machado - brancos demais, elitistas demais, e polêmicos demais para ganhar votos da base chavista, sendo que Machado até hoje é desprezada por sua foto sorridente ao lado de George W. Bush na Casa Branca. Em outras palavras, os protestos do #SOSVenezuela se originaram de uma profunda divisão entre os comprometidos com a via democrática e aqueles dispostos a utilizar outros meios e não da força da oposição.

Para quem insiste sobre a espontaneidade dos protestos, essa linha do tempo é mais do que suficiente. Dia 23 de janeiro de 2014, mais de uma semana antes das supostas manifestações estudantis espontâneas, López e Machado defenderam publicamente a derrubada de Nicolás Maduro ("*La Salida*"), com uma estratégia de "incendiar as ruas com luta".[23] Quando as manifestações tiveram início no bastião oposicionista em Táchira, na região andina da Venezuela, fronteira colombiana conhecida por atividades paramilitares, um pequeno grupo de oposicionistas mascarados atacou a casa do governador chavista do estado, José Vielma Mora, o que levou a algumas prisões. Com incrível indiferença aos fatos, rumores de que o governo venezuelano reprimia seu povo rapidamente começaram a circular no país e na imprensa estrangeira. Protestos sobre a crise de segurança e desabastecimento econômico foram convocados sob uma narrativa montada em um estalar de dedos, quase sem mencionar o chamado público da oposição pela derrubada do governo.

O enfrentamento ocorreu, acima de tudo, no Twitter, onde ativistas da oposição rapidamente atraíram uma atenção internacional sem precedentes, muito maior do que a que seus pequenos números validariam. A face sinistra da mídia social estava em sua maior exibição. Distorções, manipulações, exageros, e até mesmo mentiras foram espalhadas. Imagens de violência policial contra estudantes no Chile e Brasil, Indonésia e Singapura, até mesmo cadáveres de sírios em Aleppo foram reciclados como prova da natureza repressiva do governo Nicolás Maduro. Este sensacionalismo explica, em parte, a eficácia da estratégia das redes sociais da oposição. A grande imprensa não ficou imune: no momento inicial das manifestações após a vitória eleitoral de Maduro, o correspondente do jornal espanhol ABC

---

[23] "López y Machado llaman a 'prender las calles de lucha'", *El Diario de Caracas,* 23 de Janeiro de 2014. Disponivel em: diariodecaracas.com; youtube.com/watch?v=IwTrta9T23Q.

publicou um artigo que denunciava o "fascismo" do governo, usando uma imagem bem conhecida de uma mulher seminua sendo arrastada nas ruas por um policial egípcio.[24] Durante as manifestações de 2014, a imprensa publicou e republicou no Twitter imagens enganosas. Assim que uma foto, ou um evento imaginário, era exposto – como por exemplo, uma imagem da polícia claramente usando uniformes da obsoleta Polícia Metropolitana, extinta anos antes – outra dezena de imagens apareciam. Em um país tão polarizado como a Venezuela, apoiadores ou oponentes do governo raramente precisam de provas para acreditar naquilo que já estão convencidos a ser a verdade.

Para aqueles que insistem que os protestos foram não violentos, os fatos traem novamente a narrativa, que começou a desmoronar quase que imediatamente. Quando a poeira baixou alguns meses depois, contou-se quarenta e três mortos. Enquanto alguns que protestavam o fizeram pacificamente, o discurso hegemônico sobre a repressão governamental trata-se de uma leitura tendenciosa. Na verdade, as mortes ocorridas foram igualmente divididas entre chavistas, integrantes da oposição, transeuntes, e membros da segurança pública. Alguns tomaram tiros apenas por atravessar barricadas para tentar ir ao trabalho. Ainda mais danosas à narrativa da imprensa oposicionista foram as tendências abertamente violentas de muitos dos manifestantes, como aqueles no bastião oposicionista de Táchira. Estes, enquanto exibiam uma variedade de armas caseiras, disseram

---

24 "La corresponsal de ABC en Venezuela ilustra el 'fascismo puro y maduro con una foto de Egipto" *El Diario,* 19 de Abril de 2013, Disponivel em: eldiario.es.

ao *New York Times* "aqui, nós não somos pacíficos".[25] Nestas áreas, pessoas que passavam por perto ou até mesmo jornalistas foram muitas vezes atacados, ameaçados, roubados, e obrigados a pagar um pedágio para atravessar a barricada.

Aí veio o momento mais vergonhoso de todos: quando o general aposentado Ángel Vivas *twittou* a sugestão de que cabos fossem erguidos entre ruas "para neutralizar as hordas de criminosos em motocicletas" associados ao chavismo. Quando jovens das barricadas aplicaram a sugestão, um funcionário de supermercado de vinte nove anos foi decapitado e uma mulher de trinta e sete anos morreu com sua filha, após um acidente de coalizão com um dos cabos. Um mandado de prisão foi emitido no dia seguinte para prender Vivas, mas quando a polícia chegou, ele havia se aquartelado em casa, aparecendo no terraço com um colete à prova de balas e um rifle automático, denunciando a tomada do país por Cuba nas formas mais paranóicas possíveis. Fiel a seu estilo, a CNN *en Español* focou suas lentes em um fanático que em qualquer outro lugar do mundo teria sido denunciado, mandando até mesmo um correspondente à casa de Vivas para uma extensa entrevista. E, até hoje, o regime "repressivo" decidiu deixá-lo embarricado em seu bunker, ao invés de correr o risco de um conflito violento.

---

[25] William Neuman, "Crude Weapons Help Fuel Unrest in Bastion of Venezuelan Opposition", *New York Times*, 25 de fevereiro de 2014.

Nova insurreição da burguesia

Insistir que os protestos não foram nem espontâneos nem não violentos não significa ignorar as motivações de alguns dos que foram protestar – violência e escassez de produtos eram um problema quando Nicolás Maduro foi eleito por uma margem mínima em abril de 2013, e ainda eram um problema quando os chavistas ganharam ainda mais votos nas eleições locais de dezembro. Na verdade, quando uma lista de 10 exigências surgiu de Táchira no início da onda de protestos, as demandas eram puramente políticas, focadas nos ditos presos políticos e na renúncia de Maduro. Curioso que violência urbana e escassez nem apareceram nas demandas.

Por fim, os protestos foram demograficamente de classe média alta e alta, e abraçaram a elite conservadora enquanto direção da oposição venezuelana. Como demonstrou o historiador Alejandro Velasco, as favelas venezuelanas têm tradição em protestos que incluem este tipo de ação combativa, mas quando a oposição de classe média foi às ruas, os pobres não aderiram a ela.[26] Apesar de arcarem com o grosso da violência urbana e escassez de produtos, a população pobre chavista ou não-chavista igualmente não se dispôs a apoiar um movimento visto por muitos como antidemocrático, e que buscava derrubar um governo eleito pela maioria.

---

[26] Alejandro Velasco, *Barrio Rising: Urban Popular Politics and the Making of Modern Venezuela*. Berkeley: University of California Press, 2015.

Muitos jornalistas, como Roberto Lovato, que visitaram as linhas de frente, notaram traços óbvios de riqueza, incluindo calçados de grife e até mesmo cachorros de raça com "belas tosas". Politicamente, os manifestantes entrevistados por Lovato rejeitaram qualquer associação ao marxismo e ao anarquismo, ideologias que inspiraram muitos dos protestos recentes em outras partes do mundo, antes identificando-se com o grosso dos líderes da oposição, cuja origem está nas famílias mais ricas da Venezuela. Alguns celebravam até mesmo o último ditador venezuelano, Marcos Perez Jiménez, que foi deposto em 1958. Para Lovato, isso deixava bastante evidente que os manifestantes – que ele batizou de "falsocupa" – não tinham nada a ver com a onda de protestos globais que estes jovens de famílias abastadas supostamente reivindicavam.[27]

Os protestos, ao contrário, refletiam a cultura política enraizada na história da classe dominante venezuelana. Classe, na Venezuela, nunca se reduziu apenas a dinheiro, envolvendo também uma estranha mistura de raça que o sociólogo radical Ociel López chama de "linhagem", um título aristocrático herdado por poucas famílias da elite de ascendência espanhola, de onde saíram quadros da oposição como Machado, López e Capriles. O "*ethos* cultural" dessas elites atualmente tem âncora no ódio e na criminalização dos pobres que denunciam com epítetos coloridos, chamando-os de "macacos", "hordas"

[27] Roberto Lovato, "Venezuela's Opposition is United Against Maduro but Internally Divided", *Al Jazeera America,* 5 de Março de 2014; "Fauxccupy: The Selling and Buying of the Venezuelan Opposition", *Latino Rebels,* 13 de março de 2014.

e "escória", termos que apareceram durante as manifestações de 2014.[28] Aqueles protestos mostraram, como nos tuítes do general Vivas denunciando as "hordas" chavistas, que o ódio aos pobres incentiva ações violentas.

Porém, tais protestos não se iniciaram nos bastiões tradicionais mais ricos da elite colonial venezuelana, mas na região aos pés dos Andes, no estado remoto de Táchira, ponta oeste do país, onde as barricadas vangloriavam-se da violência e as pessoas se identificavam como *gochos*.[29] Enquanto as elites urbanas, ao longo da história, caçoaram destes andinos como sendo caipiras atrasados, o orgulho dos *gochos* que trabalham duro nunca foi inteiramente desassociado de conceitos de superioridade racial. Como expõem Winthrop Wright na sua análise clássica da questão racial na Venezuela, os *gochos* "contrastam sua forma austera de vida com aquela dos venezuelanos de pele mais escura das regiões não-andinas, que descrevem como descendentes de escravos mais interessados em festas e diversões".[30] Politicamente conservadores, com ideias de superioridade racial e orgulhosos de uma ética de trabalho prepotente que se expressa como desdenho pelos mais pobres, não seria um exagero sugerir que a identidade *gocho* possui muitos pontos em comum

---

[28] Ociel Alí López, *Dale Más Gasolina! Chavismo, Sifrinismo y Burocracia.* Caracas: Fundación Casa Nacional de Letras Andrés Bello.

[29] Denominação coloquial da população andina oriunda dos estados de Táchira e Merida.

[30] Winthrop Wright, *Café con leche: Race, Class and National Image in Venezuela.* Austin: University of Texas Press, 1990.

com os apoiadores de Donald Trump e do Tea Party nos Estados Unidos.

Quando o orgulho *gocho* inflou-se durante os protestos, ficou claro que aquilo se tratava de algo mais complexo do que apenas identidade regional. Como descrevia um um tuíte que viralizou, "os *gochos* são a porra dos chefes na Venezuela",[31] implicando que todos os outros seriam seus legítimos escravos. Falando sob anonimato durante os protestos, um descendente de uma das principais famílias da elite venezuelana descreveu o sentimento de posse visível nas barricadas em fogo, onde estavam "os venezuelanos de verdade defendendo seus bairros dos radicais" chavistas. Um complexo de superioridade similar mobilizou manifestações em nível nacional. Segundo um camarada de uma zona operária de El Valle, ao sul de Caracas, aqueles que gerenciavam as barricadas incendiárias geralmente moram em blocos altos de apartamentos de classe média na avenida principal, e assim "se consideram melhores do que a favela".

Essa conexão com o território acabaria sendo sua ruína... Os protestos nunca conseguiram transcender as zonas mais ricas do país, atingindo apenas 19 dos 335 municípios existentes. Quando pequenos protestos ocorreram em bairros que não eram da elite, mas não nas favelas em si, a celebração intensa destas ações nas redes sociais confirma a regra geral. Em pouco tempo, até mesmo os simpatizantes não queriam mais que seus bairros ficassem fechados por meses a fio. Os protestos de 2014 foram – e a oposição venezuelana segue sendo – prisioneiros

---

[31] Disponivel em: twitter.com/Dj_Army1/status/438060468205129728.

da geografia urbana segregada que eles mesmos produziram. Apesar de seus fracassos, porém, eles geraram enormes danos à imagem internacional do governo Maduro. Eles apontam para uma perigosa tendência em que movimentos de juventude da extrema-direita se associam a uma linguagem de liberdade e democracia, adotando cinicamente os símbolos e as táticas da esquerda, cooptando métodos da luta pacífica com objetivos brutalmente violentos.

A não-violência estratégica como arma da restauração conservadora

Esta nova direita tem se proliferado pelo continente, sobretudo onde ela perdeu o poder, como nas eleições de Rafael Correa no Equador, Evo Morales na Bolívia e Hugo Chávez na Venezuela. Na Bolívia, por exemplo, a União da Juventude de Santa Cruz, caracterizada pelo Movimento Mundial de Direitos Humanos como uma milícia paramilitar, liderou uma série de ataques racistas em 2008, durante campanha de violência separatista na região da meia-lua, parte mais rica do país. No Equador, a direita foi às ruas sob o conhecido slogan "*La Salida*", ao passo que os jovens dirigentes venezuelanos têm desempenhado um papel destacado na consolidação desta rede continental de direita. Se as táticas de rua destes grupos lembram a versão colombiana de "limpeza social", na qual forças paramilitares executavam os indesejáveis apenas por serem pobres, isto também não é por acaso. A figura central dessa ampla rede, fonte de inspiração e de financiamento dos neorreacionários latino-americanos, é ninguém menos do que o antigo narco-presidente da Colômbia, Álvaro Uribe.

Na Venezuela, por exemplo, o escritor Luis Britto García afirma que Caprilles e López surgiram da organização católica de extrema-direita chamada Tradição, Família e Propriedade. O "grupo fascista fanático", nas palavras de Britto, é conspirador, sigiloso e radicalmente anticomunista e, como sugere o nome, associado a Uribe assim como ao ex-ditador chileno Augusto Pinochet.[32] Deve-se lembrar que a TFP foi brevemente banida na Venezuela em 1984, quando o então presidente Jaime Lusinchi acusou-os de planejar o assassinato do Papa. Mas se caracterizar de "fascistas" tais grupos na Venezuela e outros países como o faz Britto pode parecer impreciso, certamente não é extremado. Afinal, há outra forma de descrever jovens em bandos agindo como tropa de choque dos ricos, percorrendo as ruas caçando pobres e negros, convencidos de sua própria superioridade racial e de classe?

Nos anos recentes, inclusive, tais grupos violentos têm sido treinados em técnicas de protesto pacífico, não por acreditarem nisso, mas porque algumas destas táticas funcionam. Um exemplo importante desta perigosa nova aliança é o Instituto Albert Einstein (AEI), fundado pelo guru da não-violência Gene Sharp. Como Eva Golinger tem demonstrado, o AEI recebeu recursos das mesmas instituições que financiam a oposição venezuelana, a exemplo da NED, IRI, e a USAID, e tem utilizado os recursos para treinar a oposição venezuelana como a nova geração de

32 Roberto Lovato, "Why the Media Are Giving a Free Pass to Venezuela's Neo-fascist Creeps" *The Nation*, 1 de abril de 2014.

combate bélico, que utiliza a não-violência estratégica para tentar derrubar presidentes democraticamente eleitos.[33]

Na Venezuela, os protestos de 2014 foram apenas o terceiro ato no drama da direita em seu esforço de mudança estética. Após a derrota do golpe de 2002, a oposição venezuelana procurava desesperadamente uma nova estratégia, e, portanto, convidou o AEI a Caracas. No início de 2004, o exilado de origem cubana, Robert Alonso, alardeava haver se reunido com AEI pouco antes de a Venezuela ser atingida pela primeira onda violenta de bloqueios de rua, uma tática que Alonso também se gabava em ter inventado. Tão comprometido à não-violência é Alonso que a polícia logo descobriu cinquenta paramilitares colombianos armados no seu sítio ao sul de Caracas, para lá enviados com ordem expressa de assassinar Hugo Chávez.[34]

Foi no segundo ato deste drama que a juventude de direita da Venezuela, os estudantes em particular, começaram de fato a se destacar. Segundo análise publicada pela Stratfor, empresa norte-americana de serviços militares, dirigentes estudantis venezuelanos viajaram a Belgrado em 2005. Eles iriam se encontrar com representantes treinados pelo AEI do movimento Otpor, que contribuiu para a derrubada de Slobodan Milosevic, antes de viajarem a Boston para visitarem o próprio Gene

---

[33] Eva Golinger, *Bush vs. Chavez: Washington's War on Venezuela.* Nova York: Monthly Review, 2007.

[34] Carlos Chirinos, "Capturan 'paramilitares' en Venezuela" BBC *Mundo*, 9 de maio de 2004. Disponível em: news.bbc.co.uk.

Sharp.[35] Vale frisar que, assim como os grupos oposicionistas da Venezuela, a Otpor recebeu financiamento do NED, IRI e USAID. Quando, em 2007, estes venezuelanos saíram às ruas de forma supostamente espontânea e apartidária, o seu logo, com o desenho de um punho branco fechado, era *igual* ao usado pela Otpor, assim como aparece nos textos da AEI.

Mesmo assim, aqueles estudantes nas linhas de frente dos protestos de 2007 insistiam que seu movimento era espontâneo, e não tinham nada a ver com a oposição venezuelana, ou qualquer partido político existente. A conexão que já era óbvia à época, porém, foi confirmada quando quase todos os dirigentes estudantis se filiaram aos partidos políticos da oposição. O mais visível de todos, Yon Goicoechea, mais tarde ganhou um prêmio do Instituto Cato, dos Estados Unidos, com o nome do fundador do neoliberalismo, Milton Friedman – aliás, um título adequado. Uma vez desencadeado o terceiro ato, no início de 2014, estas mesmas alegações de não-violência, espontaneidade, e independência de uma oposição deslegitimada apareceram novamente.

Quando questionei o AEI sobre seu apoio a uma oposição venezuelana, sem sombra de dúvida violenta, Gene Sharp forneceu a melhor prova de como aqueles que parecem servir aos despossuídos advogam enquanto princípio a não-violência podem com igual facilidade servir os poderosos. Respondendo ao e-mail, Sharp afirmou:

---

35 *Stratfor*, "Venezuela: The Marigold Revolution?", 7 de outubro de 2007. Disponivel em stratford.com.

> Se nos tivéssemos recusado o pedido de uma oficina para os resistentes venezuelanos, alguns deles possivelmente teriam concluído que a "única" outra opção seria golpes de estado, levantes, assassinatos, ou até mesmo invasões estrangeiras, como foi no Iraque... Você recomendaria que os dissidentes venezuelanos ao invés disto utilizassem a violência?[36]

O rosto destes novos extremistas de direita é Lorent Saleh, o ácido ex-dirigente do grupo JAVU. Como seus antecessores, a JAVU levantou fundos junto a uma variedade de fontes governamentais dos Estados Unidos, o que lhe permitiu ganhar atenção como liderança da linha dura do movimento de oposição popular. Depois de sua expulsão do JAVU, Saleh foi juntar-se à Operação Liberdade, rede clandestina fundada em 2011, com apoio de um sueco baseado em Miami, Ulf Erlingsson.

Figura exótica, Erlingsson, que evocou razões de consciência para não servir no exército da Suécia e se autointitula um ativista antiguerra, tenta de alguma forma conciliar seu apoio nos EUA a Dennis Kucinich, candidato da ala populista de esquerda do partido Democrata, contrário à invasão do Iraque, a seu apoio ao violento Golpe de Estado ocorrido em Honduras em 2009. Apesar de oficialmente aderir à não-violência, o objetivo declarado da organização de Erlingsson é "a derrubada da ditadura castro-comunista na Venezuela". A principal porta-voz da

---

[36] George Ciccariello-Maher & Eva Golinger, "Making Excuses for Empire: A reply to the Self-Appointed Defenders of the AEI", *MR-Zine*, 8 de agosto de 2008. Merece atenção a linguagem referente à "resistentes" e "dissidentes".

organização no exterior é a atriz María Conchita Alonso, irmã do treinador de paramilitares Roberto. Alonso causou polêmica quando celebrou a morte de Chávez durante uma entrevista na TV, dizendo que "teria sido melhor para ele se tivesse morrido lentamente de sua doença na prisão". Um ano mais tarde ela atingiu as manchetes após aparecer em um comercial apoiando Tim Donnelly, o candidato racista, anti-imigração ligado à ala Tea Party dos Republicanos para governador da Califórnia. E se não fosse suficiente, uma das poucas figuras públicas desta rede clandestina de "não-violência" é ninguém menos do que Ángel Vivas.

Melhor prova de que a Operação Liberdade apoia de forma seletiva a não-violência é o próprio Saleh, que preside a organização de uma cela na prisão em Caracas. Enquanto membro da Operação Liberdade, ele é acusado de ter viajado à Costa Rica, onde se reuniu com os organizadores do golpe de 2002 e a uma odiada figura do passado, chamado Henry López Sisco. Ex-chefe dos serviços de inteligência da Venezuela, Sisco foi denunciado por quase todos os massacres ocorridos nos anos 1980, inclusive no *Caracazo*. Até hoje, ele segue alinhado ao terrorista anticomunista cubano-venezuelano Luis Posada Carriles, um ex-agente da CIA, condenado por atentado a bomba contra um avião cubano em 1976, que matou 73 pessoas. Em 2011, a Venezuela exigiu a extradição de Lópes Sisco por seu papel no massacre de nove jovens ativistas de Yumare, em 1986, mas a Costa Rica se recusou a entregá-lo.

É irônico, para dizer o mínimo, que alguém que se diz opositor de um governo repressivo se una ao arquiteto central do terrorismo de estado venezuelano. Mas foi na Colômbia que os objetivos de Saleh de fato ficaram claros. Lá ele participou de atividades organizadas pelo grupo fascista Aliança Nacional pela Liberdade, ao lado da organização Terceira Força, que é neonazista, e onde admitiu que a oposição venezuelana estava planejando um golpe. Mais tarde, Saleh aparentemente infiltrou-se em uma base militar colombiana, onde recebeu treinamento, tendo este autoproclamado defensor dos direitos humanos, reunindo-se com o mais violento dos abusadores de direitos humanos dos colombianos, Álvaro Uribe.

A tagarelice de Saleh, porém, acabaria por entregá-lo. Numa série de vídeos no Skype que vieram a público, ele gabava-se de um plano macabro. Compraria rifles para atiradores de elite, contrataria mercenários "anticomunistas" e especialistas em explosivos, dinamitaria pontes e boates, e mandaria dez soldados bem treinados e "doutrinados" a Caracas e cinco a Valência para fazer a "limpeza" dos chavistas. Nos vídeos, Saleh vangloria-se de suas relações com Uribe. Quando o governo colombiano de Juan Manuel Santos afinal deportou Saleh, Uribe, que agora como senador goza de imunidade parlamentar, foi o primeiro a atacar a medida nas redes sociais como capitulação ao governo venezuelano.

Lorent Saleh está na franja da extrema direita de uma oposição venezuelana que, ao menos de vez em quando, tenta se distanciar da violência dos extremistas. Mas o que assusta é que atualmente esta mesma oposição dignifica esta figura – um simpatizante do fascismo, terrorista convicto, e que advoga por uma "limpeza" social – dando-lhe o status de "preso político".

Após ganhar as eleições para a Assembleia Nacional em dezembro de 2015, a primeira e principal peça de legislação escrita e aprovada pela oposição foi a polêmica Lei de Anistia, que caso não tivesse sido logo derrubada pela Suprema Corte, teria permitido que Saleh e outros saíssem livres.

Capítulo IV
As milícias e os coletivos

Em outubro de 2014 a violência estava no ar e na boca de cada um, não só por conta dos protestos da oposição. No primeiro dia do mês, o jovem dirigente chavista Robert Serra foi brutalmente assassinado ao lado de seu parceiro. Imobilizado em seu apartamento, ele foi esfaqueado mais de trinta vezes, e o governo Maduro colocou toda culpa nos paramilitares colombianos. Mesmo que as circunstâncias de seu assassinato permaneçam obscuras, o próprio Serra havia denunciado os vínculos de Lorent Saleh com o grão-mestre da reação colombiana, Álvaro Uribe. Apesar da intensa polarização e criminalidade nas ruas, assassinatos políticos deste tipo na Venezuela eram quase inexistentes.

Pouco mais de uma semana depois, no dia 7 de outubro, ocorreu um dos eventos mais misteriosos na história recente da Venezuela. No bairro precarizado de Quinta Crespo, próximo ao centro velho de Caracas, em plena luz do dia, forças especiais da polícia e o Corpo de Investigações Científicas, Penais e Criminais (CICPC), enfrentaram um grupo chavista pouco conhecido, o Coletivo Revolucionário 5 de Março, levando a momentos de impasse. Durante uma pausa no tiroteio, seu líder, José Odreman, falou direto à imprensa, insistindo que caso qualquer coisa acontecesse a ele, a culpa recairia no Ministro do Interior, Miguel Rodríguez Torres. Questionando se haveria alguma conexão entre o cerco policial e o assassinato de Serra, Odreman, um ex-policial, respondeu de forma criptografada "os números não mentem".

Quando a poeira baixou algumas horas depois, somavam-se cinco mortos, incluindo Odreman, naquilo que, segundo alguns relatos, mais assemelhou-se a uma execução do que a qualquer outra coisa. De acordo com a polícia, os mortos eram criminosos de uma gangue responsável por extorsões e até mesmo assassinatos. Passadas apenas três semanas do enfrentamento, o jornal direitista *El Nacional* publicou um dossiê crítico a Odreman e às operações de seu coletivo no bairro de Cotiza, na zona norte. Reconhecendo o papel positivo do grupo junto à comunidade, também os acusava de intimidar os moradores do bairro, exigindo dinheiro de proteção.[37]

Coletivos revolucionários como o 5 de Março, porém, por muito tempo têm sido os mais fervorosos defensores da revolução bolivariana, e enquanto é possível que um grupo revolucionário armado se envolva em atividades criminosas, muitos chavistas hesitariam em acreditar na imprensa ou no Estado em detrimento da base. Deixando as coisas ainda mais complexas, circulou uma foto mostrando Odreman e Serra juntos, o que apontou em direção a teorias da conspiração. Para os simpáticos aos coletivos, este foi, nas palavras do militante histórico Roland Denis, o "primeiro massacre" do chavismo.

---

37 Angélica Lugo, "Cotiza es centro de operaciones de 100 colectivos de Caracas," *El Nacional*, 14 de setembro, 2014. Disponível em: el-nacional.com.

O termo "coletivo" hoje é intensamente debatido na Venezuela. Em nível mais elementar, refere-se à ampla gama de agremiações de base, que se organizam de distintas formas, com objetivos próprios. Sempre que um pequeno grupo de vizinhos, ativistas de base, ou militante reúne-se sob o eixo da Revolução Bolivariana, podemos dizer que ali nasceu um coletivo. Mas a maioria dos venezuelanos, chavistas ou não, usam o termo no sentido específico, para se referir às organizações armadas de autodefesa que surgiram nos bairros pobres pelo país ao longo dos anos 1980 e 1990, antes da Revolução Bolivariana.

Tais organizações armadas foram produtos orgânicos das condições dos próprios bairros. Elas surgiram quando vizinhos juntaram-se para acabar com o tráfico de drogas e proteger seus bairros da violência das gangues e da repressão policial. Dado que a própria polícia era em geral complacente com o tráfico de drogas e a violência que o acompanhava, os primeiros coletivos expulsaram os traficantes e a polícia no mesmo ato, assumindo a segurança local do bairro, sendo que algumas áreas não permitiram a sua entrada por mais de 25 anos. Diferente de grupos armados locais em outras partes do mundo, estas organizações tendem a ter consciência política, e são comprometidos com o comunismo e hostis à burocracia central do Estado.

Por isso, muitos dos coletivos que apoiaram o golpe de Chávez em 1992, mobilizaram suas bases para sua eleição em 1998, e pegaram em armas durante o golpe de 2002 – não para atacar a ordem constitucional, mas protegê-la e restaurá-la, cumprindo um papel central para reverter a manobra e garantir o retorno de Chávez ao poder. Sem estes grupos e o apoio generalizado dos movimentos radicais de base, a Revolução Bolivariana muito provavelmente não teria sobrevivido para além de 2002. Em última instância, o fato de o governo ter dependido tanto dos grupos revolucionários armados ajudou a radicalizar o processo como um todo. Os coletivos, pedra fundacional da revolução, atacam a corrupção, defendem sua autonomia local, e pressionam aqueles no poder para moverem-se em direção ao socialismo.

Contraponto histórico ao Estado centralizado, os coletivos em geral chocaram-se com o próprio Chávez, erguendo nos bairros barricadas em chamas e mostrando suas armas como expressão de autonomia revolucionária. Mas nunca antes o governo havia derramado sangue como fez em Quinta Crespo. Tão centrais à revolução bolivariana, os coletivos surgiram, porém, em circunstâncias próprias, conquistando pela força a autonomia contra um Estado hostil e a grandes custos. Mesmo não sendo uma vacina contra a corrupção – alguns que lutaram contra o tráfico de drogas passaram a praticá-lo – os coletivos de hoje são muito mais ecléticos.

Muitos mantêm uma relação próxima com o Estado, beneficiando-se do acesso a fundos governamentais. Outros operam com autonomia financeira e política, assumindo uma linha mais radical contra o Estado e as instituições que eles veem, mesmo quando nas mãos do chavismo, como corruptas e corruptoras. Há ainda terceiras, e aqui a coisa se complica, que usaram sua autoridade e até suas armas para controlar territórios e gerenciar o comércio clandestino para fins próprios. Tornando ainda mais complexa esta imagem, muitos coletivos também incluem policiais e ex-policiais, até mesmo alguns que foram expurgados da polícia por corrupção e violência. A linha entre o Estado e o movimento de base ficou de fato perigosamente embaçada.

Depois de Quinta Crespo, um debate doloroso aconteceu entre os setores radicais do chavismo: aqueles mortos pela polícia eram heróis revolucionários ou criminosos comuns? Testemunhos de primeira mão apontam para ambas as possibilidades, mas um número surpreendente de revolucionários engoliu a linha governista, dando eco às declarações oficiais que o 5 de Março não era um coletivo "de verdade", não eram realmente revolucionários, e que apenas usava o nome "coletivo" para encobrir atividades criminais. Muitos parecem ter se esquecido de que assim como os coletivos, a polícia tem a mesma tendência a se envolver em crimes violentos – possivelmente em tendência muito maior.[38] De qualquer forma, a linha que separa ambas, na Venezuela contemporânea, é cada vez menos clara, fato sublinhado pela própria história pessoal de Odreman enquanto ex-policial.

Já entre a oposição venezuelana e sua base endinheirada reina um terror mortal dos coletivos, termo que veio a expressar tudo aquilo que mais temem no chavismo: pele preta e camisa vermelha que ganha corpo repentino numa falange de motocicletas. Circulando como alegorias fantasmagóricas no imaginário da oposição, estes grupos vagamente identificáveis têm

---

[38] Dados oficiais de 2009 indicam que até 20% de todos os crimes foram cometidos pela própria polícia. "20% de los delitos son cometidos por uniformados," *Últimas Noticias*, 19 de março, 2012. Disponível em: ultimasnoticias.com.

sido culpados por massacres imaginários. Durante os protestos da oposição em 2014, o pânico e a paranoia elevaram a gritaria a novos patamares. Uma das imagens mais compartilhadas em postagens do blog oposicionista *Caracas Chronicles*, por exemplo, incluíam vídeos que mostravam coletivos armados disparando com armas de fogo contra a oposição. Só depois se descobriu que aqueles vídeos eram na verdade da polícia usando gás lacrimogêneo e balas de borracha.[39]

Para o ex-ministro de Comunas, Reinaldo Iturriza, esse medo dos coletivos não é um erro, mas aponta diretamente para seu verdadeiro significado: "os coletivos são sinônimo de organização, não de violência". São os pobres organizados que os ricos mais temem.

***

Um mês depois das mortes, a segurança estava rígida na Cidade Socialista 5 de Março, em Cotiza, base operacional dos que morreram em Quinta Crespo. A imponência deste edifício, espécie de fortaleza no topo de um morro ao norte do centro de Caracas, onde as ruas da cidade sobem até terminarem de forma abrupta no Parque Nacional El Ávila, indicam que o 5 de Março é muito mais do que uma "gangue criminosa", como

---

[39] A postagem, que também mentiu ao afirmar que mostrava um assassinato pela polícia, mais tarde foi alterada - porém não removida. Audrey Dacosta, "19F – The Night Venezuela Finally Imploded," *Caracas Chronicles*, 19 de fevereiro, 2014. Disponível em: caracaschronicles.com.

dizia a polícia. Nos postos de guarda na base todos carregam uma foto de Odreman e as paredes ostentam também imagens de outros "mártires". Entre eles, há um grande mural de "Juancho" Montoya e Eliécer Otaiza, dois revolucionários mortos sob circunstâncias igualmente suspeitas. O primeiro, durante um protesto da oposição em fevereiro de 2014, talvez de fogo amigo. O segundo, assim como Robert Serra, foi torturado, vindo a morrer apenas dois meses depois. Para o chavismo, 2014 resumiu-se a um ano sangrento.

Representantes de mais de uma centena de coletivos revolucionários reuniram-se na Cidade Socialista para um encontro secreto convocado em resposta aos eventos em Quinta Crespo. Entre seus principais organizadores estava Roland Denis, um dos mais afiados críticos do chavismo. Apesar do tom áspero, que o leva a ser reivindicado por anarquistas e anti-chavistas no exterior, Denis é sem dúvida um chavista. Quando Chávez morreu, ele redigiu uma eulogia à "irreverência apaixonante" e ao espírito rebelde do falecido. Desde a sua morte, porém, o tom de Denis tem se tornado cada vez mais intransigente em artigos amplamente publicados. Em um deles, pergunta retoricamente, "quem está pronto para mandar o Maduro pro inferno?", resvalando para o que muitos chavistas descreveriam como heresia.[40]

O massacre policial em Quinta Crespo representou, para Denis, um ataque à "nobreza pura" do povo venezuelano, que

---

40 Roland Denis, "Chavez and Sabino Show the Way," *Venezuela Analysis*, 9 de março, 2013; "¿Quién está dispuesto?," *Aporrea*, 17 de abril, 2014. Disponível em: aporrea.org.

em todos seus vícios e complexidade incorporam a beleza de uma revolução real e concreta. Membros dos coletivos podem não ser hipereducados, ele disse, mas "são chavistas, e ponto". E, apesar de suas limitações ideológicas, "os coletivos têm a dignidade de classe e o orgulho de defender aquilo que é deles. É neles em que a revolução renasce, pelos caminhos mais loucos". Mesmo que tenha uma visão romântica, Denis acredita ser muito mais inocente apenas acreditar nas palavras da polícia e do Estado, como fizeram alguns coletivos. Alguns, como o de Alexis Vive, reuniram-se com o ministro do interior Rodriguez Torres e, ao fazerem isto, segundo Denis, cometeram uma forma de traição. A esta altura, para Denis, "você se torna meu inimigo", porque "co-assinou a minha morte".[41]

Assim como Denis, os coletivos reunidos em Cotiza não se consideravam inimigos da revolução bolivariana, mas seus mais ferozes defensores. Reuniram-se não em oposição, mas para discutir e aprovar um documento que seria enviado ao próprio Maduro, propondo diálogo direto entre os coletivos e o gover-

---

[41] Obviamente, os membros do Coletivo Alexis Vive, a principal força por detrás da comuna de *El Panal* sobre a qual discutimos no capítulo 6, discorda desta leitura. Em uma carta aberta a Denis, eles denunciam aquilo que descrevem como "pseudo-coletivos" que participam de atividades criminosas e, portanto, "desgraçam a verdadeira práxis revolucionária dos coletivos". Colectivo y Fundación Alexis Vive, "Carta abierta a Roland Denis y a quienes pretenden enlodar la historia del barrio, del Colectivo, de la Comuna," *Aporrea*, 1 de novembro, 2014.

no, com o objetivo de radicalizar a revolução como um todo.[42] Nele, ecoou a insistência feita por Chávez de que a Revolução Bolivariana é "pacífica, mas não desarmada", argumentando que os próprios coletivos constituem uma forma de "democracia de rua", que surgiu em resposta ao "genocídio" do *Caracazo*.

O encontro foi agitado, uma mistura de discussão respeitosa e um comício político combativo. Havia consenso na sala de que pedir para os coletivos baixarem suas armas não era uma opção em uma sociedade cujo próprio Estado é incapaz de garantir segurança básica aos pobres, e muitos duvidavam das motivações dos funcionários do governo que preferiam a base desarmada. Se o governo tivesse seriedade em desarmar todos os criminosos, disse um orador, então o primeiro passo deveria ser "desarmar a polícia, não deixar com ela um único coldre com uma única bala". Até isto acontecer, os próprios coletivos não abririam mão de nenhuma arma ou "acabariam indefensáveis diante do crime organizado, da direita, e do Estado". O canto estrondoso "*¡Ni una bala!*" ecoou pelo salão.

Mesmo recusando-se a desarmar-se individualmente, os coletivos ainda assim reconheciam que o armamento de calibre militar deveria permanecer no quartel, sob as forças armadas oficiais e as organizações militares. Eles também admitiram a necessidade de expurgar suas fileiras, desarmando e expulsando aqueles que usavam o nome do "coletivo" para fins violentos ou corruptos. Com tal objetivo, o documento que redigiram pro-

42 "Documento-Acuerdo entre los Colectivos de Trabajo Revolucionario – Movimiento de Defensa Popular Juan Montoya y el Gobierno Nacional," *Aporrea*, novembro 2014.

punha reuniões regulares entre oficiais do governo para manter, e não romper, o relacionamento historicamente simbiótico entre o movimento de base e o Estado, até oferecendo seus serviços na ajuda à "guerra econômica" contra o contrabando e a especulação. "Nos coletivos somos a ponta de lança" da revolução, proclamou um dos oradores.

A polícia

A inflexão no debate público sobre as mortes em Quinta Crespo aconteceu quando o ex-vice presidente José Vicente Rangel interveio no tema. Rangel, que ganhou destaque denunciando abusos de direitos humanos, torturas e massacres durante o antigo regime, é respeitado em questões de violência de Estado, podendo discorrer sobre o assunto com mais liberdade. Por isso, quando publicou um texto editorial pesado no jornal mais lido da Venezuela, sob o título "Operação massacre", o impacto foi instantâneo.[43]

"Não há nada mais perigoso para uma sociedade," escreveu Rangel, "do que quando os demônios de dentro das instituições policiais, inspirados por conceitos sórdidos de ordem pública e segurança de Estado, se soltam. Isto é, quando os governantes perdem o controle, deixando que comecem a criar sua própria política". A polícia, Rangel sugeriu, vai ocupar qualquer vácuo deixado pelo Estado, indicando dez casos recentes de mortes extrajudiciais executadas pelas forças policiais. "A forma com que

[43] José Vicente Rangel, "Operación massacre," *Últimas Noticias*, *Aporrea*, 20 de outubro, 2014.

os comandos do CICPC mataram os cinco militantes chavistas" ao invés de prendê-los "é inaceitável em uma democracia".

Poucos dias após o artigo de Rangel, militantes do Otro Beta em Petare contaram histórias similares de execuções extrajudiciais pela polícia. Eles explicaram como ex-traficantes e ex-membros de gangues do bairro que passaram a dedicar-se à organização política foram, mesmo assim, alvos da polícia violenta e corrupta, citando diversos casos de assassinatos com características de execução. Um caso, a morte de Manuel "Manolo" Mosquera em junho de 2014, destaca-se. Após muitos anos de atividade criminosa, Mosquera reinventou-se como ativista local, incentivando jovens em situação de risco a seguir um caminho diferente. Pouco depois de Mosquera se reunir com o Presidente Maduro, que aplaudiu seus esforços para mudar o estilo de vida, Mosquera foi executado pelo CICPC, naquilo que um ativista do Otro Beta descreveu como uma operação de "limpeza" ao estilo colombiano.

Há todo um segmento do governo venezuelano, explicaram, que enxerga as operações de *mano dura*, ou policiamento ostensivo, como a única solução para crimes violentos, sobretudo quando a população exige que algo seja feito. Eles mostraram como essa política, que denunciam como "fascista", era encarnada por Rodríguez Torres, então Ministro do Interior, que Odreman tinha, antes, acusado pela morte que viria a sofrer. Mas enquanto os ativistas do Otro Beta falavam, um programa de rádio ao fundo anunciava que Maduro havia acabado de demitir Rodríguez Torres por conta das consequências políticas do massacre de Quinta Crespo. Essa vitória, mesmo que pequena, ilustrava como Maduro, assim como Chávez antes dele, pode ser pressionado à esquerda pelo poder popular vindo de baixo. Mesmo assim, estratégias policiais posteriores, como a truculenta "Operação liberte o povo", desencadeada em 2015, mostra que a linha dura exaltada por Rodriguez Torres ainda não foi derrotada.

A relação conflituosa entre o chavismo radical e o governo

As tensões de fundo entre um movimento revolucionário que tomou o poder e os setores mais radicais da militância de base continuam sem resolução. A questão colocada de forma afiada pelos coletivos borbulha em debates acirrados sobre a questão da disciplina e a unidade revolucionária desde que Chávez, que encarnava a ambos, morreu. Se ele era capaz de percorrer a linha justa entre as bases e as instituições de Estado, os anos seguintes à sua morte viram velhos conflitos reemergir.

Quase vitoriosa nas eleições de 2013, a oposição agitou-se ao sentir o cheiro de sangue. Em resposta à crescente instabilidade política e econômica, o governo sitiado de Maduro tem mostrado uma tendência a se fechar e silenciar vozes mais radicais, até mesmo atacando-as como irresponsáveis "ultra-esquerdistas". Mas isso serviu apenas como provocação e gerou um debate aberto sobre o papel da esquerda radical por dentro do movimento revolucionário. Na Venezuela, em geral, ela se refere a um conjunto de intelectuais críticos, que vai do anarquizado Roland Denis àqueles próximos ao cientista político Nicmer

Evans, chegando à outros agrupados em torno do trotskista Marea Socialista[44] até ao site *aporrea.org*, espécie de praça pública para todos os temas revolucionários.

Como é de se imaginar, a questão de quem pode reivindicar o monopólio do discurso revolucionário surgiu em torno do debate sobre o monopólio da violência armada pelo Estado. Uma das primeiras indicações de que conflitos estavam sendo tecidos por debaixo da superfície veio na resposta à Lei do Desarmamento, apresentada pelo governo. Proposta em 2013, a lei pretendia responder a um dos desafios centrais da revolução – o crime violento – retirando as pistolas das ruas; ela foi apoiada por inúmeros ativistas de base. Muitos chavistas radicais, porém, lembraram o papel histórico da autodefesa armada, questionando se o governo Chávez sobreviveria ao golpe de 2002 sem os civis armados organizados nos coletivos.

Críticos mostravam-se céticos perante a lei que parecia mais voltada à satisfazer os temores da classe média, do que de fato confrontar os cartéis de droga responsáveis pela violência pois, afinal de contas, os verdadeiros criminosos não entregariam tão facilmente as armas. A autenticidade de tal preocupação provou-se quando a primeira ação pública de desarmamento teve lugar no bairro revolucionário 23 de Enero, um centro de coletivos revolucionários armados, e não de gangues criminosas. Falando ao vivo na televisão em agosto de 2013, ao lado de uma mesa ostentando todos os tipos de armas de fogo, Maduro

44 Grupo cuja origem remete aos seguidores de Nahuel Moreno (1924-1987) dirigente trotskista argentino da Quarta Internacional na América do Sul.

celebrou os coletivos por terem entregue cerca de uma centena delas, destinadas à destruição. Mas se tratavam de velhos rifles e revólveres, e não das melhores armas do coletivo. Daí a pergunta: para quem foi preparada a performance?

Quando a personalidade televisiva chavista Alberto Nolia usou seu programa da tarde no canal estatal VTV para atacar a lei como ineficiente e repleta de preconceitos "pequeno-burgueses", e até incluindo a hashtag #ChávezQueriaArmarElPueblo na parte de baixo da tela, seu programa foi tirado do ar. Nolia era um dos muitos críticos que, mais tarde, se enfrentaria com a liderança bolivariana. Naquele mesmo mês, Nicmer Evans perdeu seu programa na rede nacional de rádio, juntando-se a outros como o professor de história Heiber Barreto, o ex-guerrilheiro Toby Valderrama, e o jovem historiador marxista Vladmir Acosta – todos jogados para escanteio no início do ano por meio de uma série de táticas, que iam de mudanças na grade de horário até demissões puras e simples.

Eles foram acompanhados no ano seguinte por Vanessa Davies, importante ex-dirigente do PSUV, que perdeu seu programa televisivo da tarde, o *Contragolpe*, e desde então foi expurgada da direção do partido. A queda mais chocante de todas foi a da combativa transmissão de Mário Silva, *La Hojilla* (A Navalha), programa básico para o dia a dia dos chavistas. Odiado pela oposição, Mário ganhou fama por ridicularizar e denunciar os antichavistas das formas mais insultuosas possíveis. *La Hojilla* foi tirado do ar na semana posterior em que a oposição difundiu gravações misteriosas, nas quais Mário aparece denunciando a corrupção entre alguns chavistas de alto escalão.[45] Para alegria de muitos, o programa de Mário voltou à TV, repetindo um padrão existente sob Chávez, em que vozes da linha dura que sacudiam o barco eram afastadas por um tempo, sendo mais tarde reintegradas ao grupo.

A imprensa da oposição abraçou de forma cínica e prazerosa a causa da esquerda radical com quem nunca antes haviam concordado, descrevendo-os como vítimas de pura e simples "censura". O debate, porém, envolvia mais que apenas a oposição entre crítica e disciplina, entre silenciar vozes radicais em defesa de uma frente única suavizada. Também veiculava uma polêmica entre militantes sobre o que constitui, de fato, um perfil revolucionário. Afinal, os críticos têm sido, sem dúvida, mais duros em relação a Maduro do que eram frente a Chávez, sublinhando a disposição do presidente em negociar e conciliar com os inimigos da revolução. Mas Chávez também o fazia de forma frequente e estratégica, ele próprio atacando os radicais diversas vezes, chegando ao ponto de responsabilizar a ultra-esquerda no Chile por ter subestimado o governo Allende antes do golpe de Pinochet.

Contra algumas das vozes mais críticas às políticas de Maduro, outros revolucionários com raízes até mais profundas no movimento de base responderam insistindo que a crítica sem ação é uma pose vazia. Revoluções são temas difíceis e confusos, afirmavam, e é irrealista esperar que elas permaneçam puras

45 "Esta es la transcripción completa del audio presentado por Ismael Garcia", *Noticias* 24, 20 de maio, 2013. Disponível em: noticias24.com.

face a uma luta retraída e complicada contra inimigos resolutos. Uma brincadeira satírica memorável por militantes revolucionários nas favelas sugeria que se Roland Denis fosse nomeado presidente e Nicmer Evans seu vice, a Revolução afinal alcançaria o nível de pureza e perfeição que eles próprios prometem.

Contendo a fúria popular

C.L.R James escreveu certa vez que "as crueldades da propriedade e do privilégio são sempre mais ferozes do que as vinganças da pobreza e da opressão".[46] Se tivéssemos qualquer motivo para questionar tal observação – de que a selvageria das elites tende a exceder a dos pobres – bastaria olharmos os protestos da oposição em 2014 e a juventude da nova direita que os formou. Poderíamos estender essa observação, sublinhando o brutal desespero pela volta ao velho *status quo*, para restaurar os privilégios feudais das depostas elites venezuelanas. Neste caso, a melhor prova foi o breve golpe contra Chávez em 2002 que, em poucas horas, testemunhou uma quantidade maior de manifestantes mortos pela polícia, do que ao longo de todos os anos anteriores, em que chavistas eram caçados e espancados por turbas aos relinchos, não de pobres de pele escura, mas de ricos e brancos.

Baseado nas revoluções simultâneas da França e Haiti, James fez uma distinção entre os jacobinos e os *sans-culottes* – a direção radical e o movimento de base. "Os jacobinos", afirmava, "tinham um ponto de vista autoritário... desejavam agir com

---

[46] C.L.R. James, *Os jacobinos negros, Toussaint L'Ouverture e a revolução de São Domingos.* São Paulo: Editorial Boitempo, 2000, p. 94.

o povo e para o povo" enquanto os *sans-culottes* "eram extremamente democráticos: desejavam o governo direto do povo e pelo povo; se exigiram uma ditadura contra os aristocratas, foi porque desejavam exercê-la por si mesmos".[47] A violência revolucionária do pobre não é a brutalidade em si, mas um estranho paradoxo: brutalidade igualitária em defesa de uma ditadura democrática direta dos oprimidos. Apesar do que afirma a oposição venezuelana, o governo chavista não desencadeou este tipo de ferocidade popular, mas trabalha para contê-la. O que aconteceria se os chavistas não contivessem mais a fúria legítima dos pobres?

Em geral, Hugo Chávez, um jacobino na definição de James, atuava com o povo e não por ele, mas a sua índole e a proximidade com o poder mantinham-no a alguma distância da base. A revolução, desde o início, nunca foi dele: ela o precedeu, transcendeu-o e hoje vive para além dele. Porque, assim como os *sans-culottes*, os revolucionários venezuelanos estão dedicados à lenta e difícil construção de alternativas democráticas e participativas de socialismo. Esta promessa, no entanto, também é um alerta que Nicolás Maduro evita colocar em risco: não serão os jacobinos venezuelanos que salvarão a revolução bolivariana, mas os *sans-culottes*.

---

47 *Ibid.* p. 277.

Capítulo V
A evolução da Comuna

Na Venezuela, não há nada mais comunal que *sancocho*. Um tipo de ensopado misto cozinhado em geral sobre o fogo aberto numa panela gigante, fazê-lo é mais importante do que os ingredientes em si. Nesta tradição de fim de semana, um vizinho pode trazer carne ou frango; outro colher algumas bananas-da-terra ou outros tipos de banana, os *topochos*; e ainda outros podem contribuir com *yucca* ou uma das variedades de tubérculos intraduzíveis como *malanga*, *ocumo*, *ñame*.

Esta tradição reflete uma ética coletiva que segue bastante enraizada no interior venezuelano, a ponto de a palavra *sancocho* acabar virando sinônimo de festa ou celebração. A cultura de ensopados coletivos também se estende às cidades, ou pelo menos às favelas que a cercam. Se você passear em Caracas pelo bairro rico de Altamira no sábado, vai se deparar com venezuelanos bem vestidos tomando um expresso em alguma café italiana, mas ao subir as favelas verá nuvens de fumaça e vizinhos celebrando o espírito de comunhão. Assim, não surpreende que não foram poucas as comunas que surgiram de uma panela de *sancocho*. Para muitos, na prática, reunir-se para discutir algo tão importante como a autogestão sem compartilhar a refeição seria impensável.

Com certeza este foi o caso da comuna de *El Maizal*. Quando surgiu, no início de 2009, Ángel Prado estava lá com a sua panela de ensopado, que nesta região de milharais decerto conteria muitos dos anéis de milho cortados direto da espiga, aqui chamada por seu nome indígena de *jojoto*. O próprio Prado era vigia até o dia anterior, mas desde então trocou o uniforme por uma camiseta, botas enlameadas, e as mãos calejadas de um agricultor. Lá atrás em 2009, ao ouvir que Chávez estava indo visitar a pequena cidade, ele e outros largaram o trabalho para aguardar sua chegada. "Viemos em conjunto com a comoção do povo, fizemos um ensopado, erguemos uma barraca e debatemos. Convocamos uma assembleia e esperamos pelo Chávez".

O nome *El Maizal* explica por si só o resto da história: em espanhol significa "o milharal". Quando falamos com Prado, o porta-voz eleito pela comuna, ele estava ao lado de quase 800 hectares de plantação de milho – 4 quilômetros quadrados de produção comunal autônoma e autogerida. Para quem vê de fora, o cereal em *El Maizal* parece queimado, quase morto, mas isto só porque ele não é feito para ser consumido fresco. O milho aqui é voltado para a trituração, gerando farinha fina para a produção de *arepa*[48]. A comuna se estende entre a fronteira dos estados de Lara e Portuguesa no sudoeste do país, sendo este último conhecido na Venezuela como "celeiro" nacional por sua produção agrícola.

Enormes árvores *samán* pontuam a paisagem, ancorando história abaixo de suas amplas copas. Venerada por comunida-

---

48 N. do E.: Prato típico, a arepa é uma espécie de pão feito a partir de milho moído ou ou com farinha de milho pré-cozido.

des indígenas, as árvores teriam ganho esse nome após a morte de um xamã Arawak embaixo da copa de uma delas. O próprio Simón Bolívar buscou refúgio debaixo de uma *samán* durante a batalha de Araure em 1813, tendo uma vez visitado sua espécie mais famosa, a lendária Samán de Güere, que diziam ter mais de mil anos, com uma copa chegando a 175 metros, até ser recentemente abatida por um raio. Foi lá que, em 1982, em meio a crise sem precedentes, o jovem Hugo Chávez jurou lealdade à derrubada de um sistema corrupto e violento de democracia bipartidária. Quase uma década depois, o Movimento Revolucionário Bolivariano tentaria concretizar sua promessa, lançando um golpe fracassado em fevereiro de 1992.

Essa área carrega uma longa história de luta pela terra e na terra. Foi nela que a elite do sistema político iniciou suas políticas agrárias e onde camponeses locais resistiram. Antes da chegada da democracia em 1958, o território tinha sua população espalhada em pequenos lotes de terra, assim como propriedades comunais, em que vizinhos compartilhavam e cultivavam coletivamente. Enquanto a Reforma Agrária de 1961 prometia ajudar o pequeno agricultor ao distribuir terras, na realidade, seu efeito foi o oposto. Ao invés de quebrar os grandes latifúndios, o governo democrático expulsou os camponeses das terras públicas, destruindo formas anteriores de propriedade comunal, enquanto entregava a maior parte do solo fértil aos negócios ligados aos chefes do partido governante, o Acción Democrática (AD).

Prado descreve a Reforma Agrária como uma "farsa", e ele tem razão. Quando o processo chegou ao fim, a maioria da terra distribuída era pública e não privada. Um terço daqueles que deveriam ter se beneficiado com a reforma largou-as por falta de apoio, e 90% nunca ganhou títulos de propriedade.[49] As áreas que hoje formam a comuna não são uma exceção: elas passaram a mãos privadas, enquanto agricultores locais eram expulsos, e apenas um punhado deles foi recontratados enquanto assalariados. Muitos migraram rumo às cidades, indo morar em favelas. Os que permaneceram foram empurrados para fora do torrão fértil do Vale e subiram em direção às montanhas, alguns se misturando às guerrilhas armadas que se mudaram para lá com objetivo de combater o que consideravam um regime repressivo.

Quando Chávez foi eleito, Prado e muitos outros nutriam simpatia natural por este garoto pobre do interior que havia se tornado presidente. O jovem parecia-se com eles, falava como eles, e dançava e cantava as canções da planície venezuelana, o *joropo,* que conheciam. Mas a afinidade era mais profunda. A primeira tarefa do governo Chávez foi reescrever a constituição de forma participativa e coletiva, com assembleias populares de vizinhança formadas para discutir, debater e criar propostas e, por fim, aprovar a Carta de 1999. Segundo Prado, foi através deste processo que "o povo começou a entender que as leis não são eternas e que nós podemos transformá-las".

A natureza participativa do processo constituinte refletia o seu conteúdo radical. A nova Carta Magna rejeitava os latifún-

---

49 Gregory Wilpert, "Land for People Not for Profit in Venezuela," em P. Rosset, R. Patel, e M. Courville, ed., *Promised Land: Competing Visions of Agrarian Reform.* Nova York: Food First, 2006, 251. Ver também Ciccariello-Maher, *We Created Chávez,* 206–7.

dios, em que a terra ficava sem uso, enquanto os que moravam perto passavam fome. A Constituição declarou-as "contrárias aos interesses da sociedade" e reconheceu a validade de outras formas alternativas de propriedade, fosse associativa, cooperativa ou "propriedade coletiva". Em 2001, a constituição foi acompanhada por uma lei radical de reforma agrária, que colocou em ação o tipo de redistribuição proposto em 1960, mas não realizada em 1961. Dez anos depois, mais de 4 milhões de hectares de terra foram redistribuídos a pequenos agricultores, sendo a metade delas públicas e a outra metade expropriadas pelo governo, após serem avaliadas como ociosas. Acima de um milhão de venezuelanos, ou seja, mais de metade da população rural, beneficiou-se com a medida.[50]

Mesmo com terra confiscada e redistribuída pelo país, Prado confessa que poucos esperavam que *El Maizal* também fosse expropriada. "Nunca imaginamos que esta plantação fosse ser tocada... era quase uma questão sagrada". Quando o helicóptero de Chávez afinal aterrissou, uma nuvem de poeira levantou-se no Vale, parecendo dobrar os talos de espigas em reza secular. Então "o que parecia impossível aconteceu": o presidente declarou que, por estar improdutiva, a terra seria expropriada e entregue ao povo. Nas palavras de Prado, "a comuna nasceu no 5 de março de 2009", quatro anos antes da morte de Chávez. Mas se o advento de *El Maizal* pode lembrar a clássica narrativa populista do grande líder trazendo a salvação pelo alto, os ativistas

50 Gregory Wilpert, "Chávez's Legacy of Land Reform for Venezuela," *Review of Agrarian Studies*, 2014. Disponível em: ras.org.

que viriam a formar a comuna já haviam se unido em torno do *sancocho* antes de sua chegada, e a luta deles estava longe do fim.

Chávez declarou que as terras expropriadas seriam autogeridas pelos agricultores locais em conjunto com o Estado. E assim que seu helicóptero partiu, explica Prado, "estas terras tinham um novo dono". Se o governo havia de fato tomado a terra, ele não a entregou diretamente è recém-criada comuna, colocando-a sob a custódia da empresa agrária estatal, a Corporación Venezolana de Alimentos (CVAL), que supervisiona e coordena a produção e distribuição de alimentos em escala nacional. "Os portões permaneceram trancados" insistia Prado, descrevendo como, ao contrário de produzir, funcionários corruptos locais estavam "roubando e desmantelando tudo".

Provavelmente não há por que questionar o testemunho de Prado. A corrupção tem sido uma marca da CVAL e da rede venezuelana de produção e distribuição de alimentos como um todo. Em 2015, a comuna vizinha Negro Miguel havia confiscado terra da CVAL sob circunstâncias similares, após um vídeo documentar o abandono do cultivo.[51] No início de 2016, uma operação nacional da polícia chamada Ataque ao Gorgulho, mirando na corrupção de altos dirigentes no setor de alimentos, levou a dezenas de prisões e ao confisco de mais de vinte toneladas de alimentos de preço tabelado. O presidente da CVAL foi preso, além de seu secretário administrativo e sua mãe, que era presidente da rede de supermercados estatais Bicentenário. Investigadores afirmam que os três conspiraram para se apropriar de

---

[51] "Corredor Territorial Negro Miguel Toman Tierras de CVAL," *Alba TV*, 9 de janeiro, 2015. Disponível em: albatv.org.

alimentos de preço tabelado, vendendo-os a preços exorbitantes no mercado negro, a restaurantes e supermercados privados.

Em *El Maizal*, os agricultores locais ficaram eufóricos quando Chávez expropriou a terra, porém logo se decepcionaram ao saber que a CVAL não tinha proposta para contratá-los, a não ser como empregados assalariados, como acontecia quando as terras estavam sob mãos privadas. Ativistas continuaram a organizar assembleias populares nas comunidades próximas, incorporando mais conselhos na crescente comuna e envolvendo setores mais amplos das populações vizinhas no processo decisório. Fortalecida politicamente pelo apoio e participação da comunidade local, a comuna *El Maizal* de novo exigiu acesso à terra, tendo recebido, no fim, um pequeno lote de 150 hectares de solo marginal e improdutivo. Incansáveis, os *comuneros* plantaram feijão e continuaram a organizar as comunidades vizinhas para juntarem-se a eles.

Mesmo neste pequeno lote, eles eram muito mais produtivos que o proprietário anterior e a empresa estatal com todos seus recursos. Uniram sucesso agrário e político, com uma robusta safra de feijão e o crescente apoio das comunidades vizinhas, levando Chávez a retornar mais tarde em 2009, para dali transmitir seu programa de televisão, *Aló Presidente*. Com o milharal e uma árvore *samán* ao fundo, o presidente confirmou que as terras pertenciam à própria comuna, não ao Estado. Mais uma vez, Chávez subiu de volta no helicóptero e partiu, mas para desgosto da comuna e do próprio presidente, suas ordens nunca foram de fato acatadas. Prado afirma que ele pediu que os líderes políticos locais fossem advertidos pela embromação, mas a oposição à comuna por dentro das instituições locais do Estado era forte.

Frustrados, os ativistas decidiram entrar em ação: no início de 2010 eles ocuparam a terra e convocaram uma assembleia com o governo local, recusando-se a sair, a menos que a CVAL concordasse em dividi-la pela metade com eles. Prado acredita que a empresa estatal, em conluio com os antigos proprietários, estava só esperando a comuna entrar em colapso para que as coisas voltassem ao normal. Se isso é verdade ou não, o fato é que o setor público e o estatal estavam de acordo sobre um ponto: "eles apostavam que o pobre nascia para ser pobre, que o pobre não pode gerir", disse Prado. Enganavam-se eles, pois em 2014, impulsionados pelo discurso do "Golpe de Timón" proclamado por Chávez, os *comuneros* livraram-se da empresa estatal e tomaram a terra para si.

Comuna agrícola

Hoje, a comuna *El Maizal* gerencia enormes plantações de trigo, contradizendo presunções paternalistas sobre os pobres. A gestão da produção é amparada por uma EPS Comunal direta, a forma mais radical de empreendimento socialista na Venezuela. Isso significa que o parlamento comunal, baseado em delegados de todos os conselhos e empreendimentos socialistas, toma as decisões no processo de produção, e todo superávit é reinvestido na própria comuna. Em 2014, *El Maizal* colheu 400 hectares de milho, gerando um superávit superior a 1 milhão, além de gerir 400 animais e uma variedade de frutas, feijões, e café. O ano de 2015 foi o primeiro da colheita, que se estende por 800 hectares. A comuna produziu 2,5 milhões de quilos de milho, 30 mil de café, e 50 mil litros de leite, além de outros produtos.[52] Autoridades do governo confirmaram os dados de *El Maizal* em termos de eficiência de produção comunal, reconhecendo que a sua produtividade por hectare é "duas vezes a média nacional".[53]

Tudo isto faz de *El Maizal*, sem dúvida, a maior, mais produtiva e próspera comuna de toda a Venezuela. Para alguns críticos, ela é um projeto essencialmente populista, que alegam ter sido criada por dirigentes governistas e dependem da boa vontade do Estado. Outros, também céticos, argumentam que a produtividade da comuna de *El Maizal* foi escolhida a dedo para fundamentar uma história de sucesso. Na prática, nenhuma dessas perspectivas está correta, pois *El Maizal* não surgiu nem pelo alto, nem de forma fácil, mas sim da luta contínua e incansável para construir um espaço comunal, a despeito dos

---

52 "Más de 2 millones de maíz industrializará este año comuna El Maizal" *La Prensa*, 6 de setembro, 2015. Disponível em: laprensalara.com.ve.

53 Entrevista com o economista Juan Bautista Arias, "Otro modo de producir es possible," *Ciudad CCS*, 18 de fevereiro, 2015. Disponível em: ciudadccs.info. Um servidor público do estado de Lara confirmou que os níveis de produção excederam ambas as médias locais e nacionais. "Jonás Reyes verifica la producción de El Maizal," *La Prensa*, 1 de outubro, 2014. Disponível em: laprensalara.com.ve.

enormes obstáculos, inclusive sendo obrigada a chocar-se contra o Estado.

A comuna de fato gerencia recursos estatais relevantes, ajudando a decidir como o financiamento do governo federal seria distribuído para as habitações públicas, gerindo a construção de 500 casas pela Misión Vivienda, e administrando saúde e educação para a comunidade local. São elementos importantes de um amplo projeto comunal, que busca "transformar estas comunidades, embelezá-las, construir estradas para consolidar a infraestrutura educacional e de saúde," segundo Prado. Além de canalizar tais recursos e beneficiar-se de empréstimos a juro baixo, *El Maizal*, no entanto, não recebe quase nenhum recurso do Estado. Ao invés de depender dele, ela conta apenas com a sua própria produtividade.

Ademais, apesar do impulso dado por Chávez, a relação de *El Maizal* com as instituições governantes tem sido de combate direto e frontal, desde conflitos com a empresa agrícola estatal ao antagonismo aberto com governantes eleitos. Para Prado, e ecoando um comentário ouvido em quase todas as comunas visitadas, o "inimigo principal" era, na verdade, chavistas, na pessoa de prefeitos locais e governadores de Estado sentindo-se ameaçados pelas experiências vitoriosas, que reduziram seus recursos e pioraram suas imagens. Até o diretório local do PSUV comporta-se como se "sua tarefa fosse destruir a comuna, encerrar a comuna, denunciar, depreciar, desmoralizar, dividir e extinguir a comuna, para dispersar seu povo," elucubra Prado. "Nós, *comuneros*, compartilhamos muito pouco com o partido governista".

Estado, setor privado e comunas

Até uma dinâmica local sustentável, o objetivo primário de todas as comunas, é visto como ameaça ao *status quo* econômico. No atual contexto de escassez, poucos produtos são mais difíceis de serem encontrados do que a marca mais conhecida de farinha de milho, a Harina Pan, produzida pelo conglomerado empresarial Polar. O objetivo de *El Maizal* é superar empresas privadas como a Polar ao "trazer o produto final à comunidade." Providenciando uma diversa gama de produtos básicos, da farinha para *arepa* ao feijão, queijo, e até galinhas, a comunidade foi tornando-se autossuficiente, com a comuna no seu seio. Hoje, porém, a maioria do milho cru de *El Maizal* destina-se a moinhos estatais ou privados, e muitos de seus ativistas estavam frustrados com o governo por não apoiar de maneira ativa seus esforços em subir na escala de produtividade e moer sua própria farinha de milho.

Aqui, de novo, o choque tripartite entre Estado, setor privado e comunas podem ter consequências fatais. Em 2013, quando Prado e outros ativistas iam a uma assembleia comunitária, dois homens em motocicletas dispararam tiros contra o trator dele, fugindo logo depois.[54] Embora não esteja claro quem organizou o ataque, ele não chega a surpreender em um país no qual mais de 300 ativistas camponeses foram assassinados impunemente nos últimos quinze anos. Mesmo assumindo que os grandes proprietários de terra são os responsáveis, estes

---

54 Ernesto Cazal, "De entre las espigas nace la esperanza," *Ciudad CCS*, 25 de janeiro, 2014. Disponível em: ciudadccs.info.

crimes são, com frequência, terceirizados para pistoleiros de aluguel conhecidos como *sicarios*, tornando impossível conhecer de fato o mandante. Enquanto construir a comuna é trabalho perigoso, Prado sente mesmo assim que a resistência que tem enfrentado significa que está fazendo a coisa certa. *Comuneros* que não questionam o *status quo* econômico e político, que não têm exigências diretas à terra, e que não apresentam uma visão radicalmente distinta de sociedade para a Venezuela, não são vistos como ameaça e podem ser ignorados.

Porém, apesar do choque direto com elementos do Estado, comunas como *El Maizal* não o podem rejeitar como um todo, e sua aliança com o governo federal continua indispensável. Enquanto a comuna goza de certo grau de poder político e autossuficiência econômica, para Prado e outros, a exigência do movimento é crescer ou morrer. "Precisamos urgentemente de aliados em todos os lugares para promover mais comunas, porque se *El Maizal* ficar sozinha, *hermano*, se esta experiência não nascer em outros lugares, se ela não se reproduzir, a tendência será caminhar em direção ao fracasso, porque estamos sob muitos ataques".

Expandindo as atividades comunais

A relação tensa com o Estado, que caracteriza a história de *El Maizal*, ecoa em diversas outras comunas. Assim como em *El Maizal*, os ativistas do *Ataroa*, no calorento Vale urbano de Barquisimeto, nem sabiam que Chávez os considerava uma "prioridade", até ele mesmo anunciá-lo um dia na televisão. Apesar da atenção que isso gerou, este *status* prioritário não significou muito em termos de apoio concreto. Isto pode até ser uma vantagem, pois *Ataroa* mantém até hoje independência ativa e um *ethos* de sustentabilidade de baixo para cima que caracteriza suas origens. *Ataroa,* que significa "aquele que enxerga da altura", foi um líder indígena, conhecido por ter liderado uma resistência feroz aos espanhóis em meados dos 1500, e os que se inspiram no seu nome seguem a luta até hoje.

A comuna de *Ataroa* é um agrupamento inteiramente autogerido, com prédios hexagonais de diferentes dimensões, em torno de trilhas emaranhadas. O espaço era anteriormente um "centro de participação cidadã", patrocinado pelo governo, mas isso dizia muito pouco até os *comuneros* lhe darem vida. Em 2006, bem antes das comunas existirem enquanto entidade legal, ativistas radicais tomaram o espaço batendo de frente contra a direção chavista local, para transformar a promessa em realidade, autogerindo aquele centro comunitário. Desde então, eles têm combatido a cooptação e as agressões diretas, inclusive a do governador Henri Falcón, eleito como chavista, mas que com o tempo migrou para os quadros da oposição. Segundo um dos porta-vozes de *Ataroa*, Leonardo Ramos: "nós lutamos por tudo que nós temos. É por isto que Falcón não tem coragem de tomar o espaço de volta – juntaríamos umas mil pessoas aqui em uma hora". Este feroz legado de autonomia serve de antídoto à cooptação cotidiana do governo. Nesse ponto, Ramos insiste que "nós nunca deixamos o governo nos dar ordens".

Quando o parlamento comunal se reuniu para tomar decisões sob a sombra bem vinda de um grande hexágono central, esta independência revelou-se na sua totalidade, a começar pelo próprio tamanho da multidão. Tecnicamente, a comuna é governada por um parlamento de delegados do conselho comunal e unidade produtiva, uma dezena ou mais, a depender do tamanho da comuna. As centenas de pessoas unidas para o debate em *Ataroa* provavam que havia algo de diferente no ar, que estes *comuneros* estavam, na prática, ampliando e radicalizando a forma comunal. Ramos é bem direto: "nós não acreditamos na ideia de um parlamento" baseada na estrutura representativa. Ao invés disto, o parlamento deles é uma assembleia aberta, em que todos os membros dos conselhos comunais podem acompanhar e participar do debate e da discussão sobre como encaminhar o cotidiano da comunidade antes dos delegados votarem.

Hoje, *Ataroa* está expandindo sua capacidade produtiva. A comuna gerencia um empreendimento socialista que produz blocos de concreto com máquinas de alta qualidade, compradas com empréstimos do governo a juros baixos. A matéria-prima nem sempre está à disposição, pois o cimento foi nacionalizado em 2008, tornando seu preço acessível quando chega, só que às vezes o produto fica indisponível por meses. Areia é fácil de achar no setor privado, mas a preços altos. Mesmo assim, Ramos orgulha-se em dizer que seus blocos de concreto são os melhores e mais baratos do mercado, e os trabalhadores, que propõem seus próprios salários e o preço dos blocos de cimento para aprovação coletiva, labutam apenas seis horas por dia.

A comuna atualmente está desenvolvendo mais empreendimentos socialistas para produzir alimentos e gerir o transporte da população local. O espaço sedia um centro comunitário de informática, que treina jovens em programação de software livre e oferece aulas de arte popular e artes marciais. No centro da comuna, uma antena gigantesca fica fixada no chão. Mesmo parecendo estar fora de lugar, revela o peso estratégico que os *comuneros* dão à disputa com o setor privado. A antena pertence à operadora privada de celulares Movistar, explica Ramos, mas depois de tomar o espaço, a comuna forçou a empresa a pagar aluguel, assim bancando todos os custos operacionais da estação comunal de transmissão, a Rádio Crepuscular.

Atualmente, a comuna de *Ataroa* busca expansão em direção a um futuro comunal que desloque o setor privado ao invés de fazer negócios com ele. Próxima a ela, há um enorme mercado do setor privado que vende comida e outros bens básicos, mas Ramos o descreve como "um desastre" que não serve ao interesse comum. Seus ativistas estão desenvolvendo uma estratégia ambiciosa, de forma que um potencial aspecto da Lei Orgânica das Comunas impulsione a exigência de que o mercado seja "transferido" para controle comunal direto. Mesmo longe de garantido, membros da comuna estão otimistas quanto à possibilidade de argumentar de forma convincente de que a transferência servirá ao bem comum.

Enquanto *Ataroa* e outras similares, vizinhas no estado de Lara, buscam expandir ambiciosamente o escopo de sua autoridade, elas veem a imprensa comunal como ingrediente indispensável para consolidar a sua identidade de baixo para cima. Sobretudo após o breve golpe de 2002 contra Chávez, uma rede popular de mídia floresceu em nível nacional, operando em paralelo aos conselhos comunais e as comunas, em geral voltado aos mesmos objetivos de democracia direta. *Ataroa*, em particular, localiza-se no centro das disputas de imprensa. Ela também é a sede da TV Lara, uma estação de televisão comunitária que existe há mais de uma década. Segundo a ativista Katrina Kozarek, por muitos anos este canal foi "comunitário" apenas no nome, funcionando mais como uma empresa familiar. As tensões com a comuna *Ataroa* logo esquentaram, com o parlamento comunal decidindo pela tomada imediata do canal, atraindo críticas do braço de comunicações do governo federal.

Desde então, ativistas da comuna têm organizado eleições para a direção da TV Lara, antes restrita aos funcionários do canal, para que incluíssem todos os membros dos conselhos comunais locais. *Ataroa* e outras comunas têm desempenhado um papel central nos debates nacionais sobre como ajustar a mídia e as comunicações para refletirem melhor a realidade comunal, ao invés de reproduzirem a cultura capitalista. Hoje, estes militantes da comunicação fazem exigências similares às comunas na esfera econômica da produção, de que a imprensa não deve ser privada nem estatal, mas diretamente comunal. Mais do que apenas refletindo a comuna, os ativistas da imprensa alternativa têm um papel central a desempenhar, trazendo a imagem das comunas para uma pluralidade de venezuelanos e apresentando-se a eles como uma alternativa viável.

Embriões do Estado comunal

Pelos centros agrários e industriais da Venezuela, organizadores das comunas estão pensando para além da legislação e de seus territórios locais. Contra a resistência dos governadores de Estado, sejam eles chavistas ou da oposição, e do setor privado, as comunas estão começando a construir a unidade regional pela base conhecida como "corredores político-territoriais", ou "eixos comunais". Diversos deles cruzam o estado de Lara e o país como um todo. O corredor territorial urbano Obelisco-Chairgua, por exemplo, une treze comunas urbanas por Barquisimeto.

Inúmeros outros, como o corredor Fabricio Ojeda indo do leste de Lara até o estado de Portuguesa, carrega no nome a longa história revolucionária venezuelana. Uma das figuras mais importantes durante a derrubada da ditadura de 1958, em Caracas, Ojeda morreria na prisão após juntar-se à guerrilha. Hoje, o corredor Ojeda reúne onze comunas que produzem incríveis 19 milhões de quilos de café por ano e quase o mesmo em bananas, 40% das quais pelas mãos das 442 famílias de Santa Clara. Ao leste, quatro comunas centradas em Buría formam um corredor homenageando o líder da primeira revolução vitoriosa de escravos da Venezuela, Negro Miguel. Ao sul, expandindo-se no Vale de Ataroa até Acarigua, encontra-se o corredor Argimiro Gabaldón, cujo nome vem do épico comandante guerrilheiro que circulava pelas montanhas da região, e que inclui áreas do Parque Nacional, com recursos hídricos estratégicos, antes de chegar a *El Maizal*.

Nesses eixos e corredores territoriais, começa a ser possível vislumbrar pela base o surgimento de um novo Estado comunal, ao mesmo tempo em que o conselho presidencial começou a consolidar relações entre as comunas e o governo bolivariano pelo topo. Se elas aproximarem os conselhos comunais, e as cidades comunais aproximarem as comunas num espaço concentrado, estes corredores comunais podem caminhar em direção a uma integração territorial mais ampla das comunas. As comunas produtoras de café, por exemplo, efetuaram trocas diretas com as que produzem açúcar, bananas ou feijão, permitindo surgir um espaço que se amplia fora do mercado capitalista. O objetivo, segundo Alex Alayo, membro da comuna *El Maizal*, é criar uma "nova matriz produtiva", que seria capaz de escalonar para além de bens básicos e absorver a produção industrial.

A consolidação regional, segundo Alex, traria o tipo de escala econômica – a possibilidade de se produzir mais por menos – que permitiu o próprio capitalismo prosperar. As comunas compartilhariam não apenas bens, como também avanços tecnológicos, com campanhas de educação popular em equivalência regional. Todos os ganhos seriam mantidos por redes de defesa popular similar às dos coletivos nos bairros periféricos. Tal integração expandida também não se encerra nos corredores. No ano anterior, diversos corredores na região juntaram-se para formalizar sua integração política, social e econômica através de três estados. Para Alex, a tarefa urgente é tomar mais e mais espaço pela base para "comunalizar ou até comunizar" estes espaços, pela criação do que chama de "territórios socialistas livres", governados de forma autônoma pelos de baixo.

Capítulo VI
Cultura e produção

El Cementerio é uma zona de guerra há tempos. Partindo do sudeste da Universidade Central de Caracas, este emaranhado expansivo de favelas se encerra de chofre no Cemitério do Sul, de onde vem seu nome. Ali, em uma área ameaçadora conhecida como Nova Praga, os corpos dos massacrados durante o *Caracazo* de 1989 foram outrora jogados em enormes valas não demarcadas. Hoje essa zona sofre de uma praga ainda mais nociva, compartilhada por muitas favelas em Caracas e na Venezuela como um todo: uma epidemia de violência, em geral, levada por disputas territoriais pelo comando do tráfico de drogas.

Até há pouco tempo, a favela Sin Techos, cujo nome relembra a falta de moradia daqueles que primeiro lá se assentaram, era uma das linhas de frente desta guerra. Apenas sete anos atrás, um enfrentamento entre as gangues com a vizinhança de Primeiro de Maio resultou em quarenta e sete mortes. Quando um grupo de jovens vizinhos começou a construir a comuna neste terreno inóspito, a violência foi o tema mais importante a ser resolvido. Apesar do lento e difícil trabalho de organizar e politizar os vizinhos, criando laços e desenvolvendo atividades culturais, esses jovens de vinte e poucos anos conseguiram acabar com as rivalidades, trazendo uma trégua entre as gangues e criando uma onda de paz no bairro.

A experiência da comuna de *Sin Techos* atinge umbilicalmente os desafios encarados pelas comunas venezuelanas como um todo e as comunas urbanas em específico. Ao contrário de *El Maisal* e *Ataroa*, ativistas neste canto perigoso de Caracas são muito mais jovens, a maioria deles homens, e não produzem nada. Isto pareceria uma contradição, pois se expandir a rede é, acima de tudo, um esforço na construção de comunidades autossuficientes e autogovernadas, tal tarefa pareceria impossível nessas áreas e, em especial, nas cidades onde há décadas não se produz alimentos nem qualquer tipo de bem. A contradição é ainda mais complicada, porque a própria Revolução Bolivariana surgiu nesses terrenos improdutivos das favelas. Com mais de 90% dos venezuelanos vivendo nas cidades, o desafio parece insuperável. Como uma revolução pode funcionar se as pessoas não produzem?

Essa questão inverte diversos dogmas tradicionais do marxismo sobre a classe operária revolucionária, mas sua importância tem crescido globalmente naquilo descrito por Mike Davis como o nosso "planeta favela".[55] Já para Reinaldo Iturriza, que foi Ministro das Comunas e da Cultura, colocar a pergunta desta forma situa as coisas de trás para frente, ou até impede de se identificar o problema central. Para Reinaldo, a comuna não é apenas algo que produz, mas algo que também é produzido. Falando no nono aniversário do centro comunal jovem *Tiuna el Fuerte*, no sul de Caracas, ele perguntou:

---

[55] Mike Davis, *Planeta Favela*. São Paulo: Boitempo Editorial, 2006.

> O que significa produzir a comuna? Há pessoas que dizem que a comuna é algo que produz batatas, ou peixe *cachama*, ou milho, como se a comuna urbana fosse uma impossibilidade, como se a comuna em Caracas ou outros lugares não fossem espaços em que a sociedade está sendo gerada, em que a cultura está sendo elaborada, em que ideias também estão sendo originadas.

Cultura, insiste Iturriza, "não é algo que alguém pode ir e comprar no supermercado, ou qualquer coisa abstrata que se encontra nos livros: é algo permanentemente reconstruído no dia a dia".

Iturriza não está apenas tentando ser otimista num terreno na prática improdutivo. Na verdade, a celebração do aniversário de *Tiuna el Fuerte* foi dedicado à elaboração de estratégias para sair do "rentismo", a dependência econômica e cultural do petróleo, em direção a formas mais autossuficientes de produção. No lugar disso, ele aponta para a criação de uma cultura comunal, uma compreensão e experiência de viver junto, tomando decisões democráticas em conjunto e produzindo em conjunto, como uma tarefa permanente de todas as comunas que nenhuma quantidade produzida de café ou milho pode substituir. Chávez sublinhou exatamente isso no seu discurso do "Golpe de Timón", em que lamentava a ausência do "espírito da comuna, que é muito mais importante neste momento que a comuna em si: a cultura comunal".

Na prática, os jovens *comuneros* de *Sin Techos* não escolheram onde morar ou quais batalhas lutar. Eles organizam a favela porque é deles, e enfrentaram a questão da violência de rua por ser um dos problemas que mais exigiam respostas imediatas. Eles produziram de fato algo material, tangível e concreto no processo – paz, ruas seguras, e sentimento comunitário – e a isso precisamos lhes dar o mérito. Apesar da carência de recursos do Estado para projetos específicos, um ativista da comuna, Manuel "Tití Bajo" Lugo, explicou que os *comuneros* são, acima de tudo, "protagonistas autogestionados", que trabalham de forma autônoma em nível local. Esta nova cultura comunal não lhes foi entregue pelo Estado, mas construído por meio de lento trabalho da base.

O grau de organização da favela serviu, inclusive, de inspiração para as políticas federais vindas de cima para baixo. Devido ao seu trabalho político de base, a comuna *Sin Techos* encabeçou o programa Jovens del Barrio. Sede de shows, concursos de rap e oficinas para ajudar a juventude local a tomar parte em pequenos empreendimentos socialistas, o programa Jovens del Barrio desde então se tornou parte nacional e integral do projeto comunal, sobretudo nas áreas urbanas. Dado que nove de cada dez venezuelanos vivem em zonas urbanas, não pode haver redes de comunas sem as cidades, e não é possível haver comunas nas cidades sem lidar com os perigos que a pobreza urbana encara no dia a dia.

Para Lugo, as comunas não precisam apenas de autonomia local para o autogoverno, mas são a melhor chance de a juventude das favelas enfrentar esta nova praga da violência. Anos recentes têm testemunhado aumento no tráfico de drogas, e os narcotraficantes têm avançado e até mesmo tomado alguns bairros. Encurralados entre as gangues e a polícia, ambos em geral igualmente mortais, organização política e novas formas de produção podem oferecer alternativas. Traduzindo as políticas nacionais na gíria da favela, segundo Lugo, "construir a comuna é a *chamba*" o jogo, o rolê, dar uma chance para a sorte e encarar uma tarefa difícil.

O militante veterano Andrés Antillano dirige um projeto de pesquisa participativa em diversas comunas de Caracas. Enquanto muitas delas, nas áreas rurais "funcionam melhor porque gerenciam uma função produtiva existente", ele explica que as "comunas urbanas em geral vem de setores mais excluídos da produção". A maioria dos moradores concentra-se no setor informal, comprando e vendendo bens importados ou trabalhando por baixos salários, em empregos semiformais, enquanto aqueles com empregos na economia produtiva locomovem-se por distâncias maiores. Apenas desenvolver uma cultura comunal, porém, não resolve a questão da produção, e mesmo onde a comuna produz, desequilíbrios políticos podem ocorrer, como na comuna *José Félix Ribas,* no parte alta de Antímano. Lá, o sucesso de uma fábrica têxtil que informalmente privilegiou o conselho comunal que a sedia e os indivíduos envolvidos nela,levou outros ativistas a romperem com a comuna por causa da frustração.

Para o coordenador nacional Gerardo Rojas, que viajou o país facilitando a criação de novas comunas e eliminando dificuldades que encontravam no processo, "a comuna urbana é hoje nosso maior desafio", em parte pelas dificuldades culturais específicas das favelas e cidades. Áreas urbanas, ele argumenta, incentivam o individualismo, separando e isolando as pessoas umas das outras e estimulando consumidores às custas do bem coletivo. Enquanto os *comuneros* buscam estabelecer novas formas diretamente democráticas de autogoverno, Rojas se preocupa com o fato de que as áreas urbanas seriam antidemocráticas pela própria essência: "as cidades não são construídas para isso, elas são a invenção de outros". Além do mais, estar na cidade, especialmente em Caracas, é estar mais próximo do Estado e do dinheiro do petróleo, o que encoraja todo mundo a tentar abocanhar uma fatia do bolo.

Alguns dos perigos que isso traz são óbvios: a crescente corrupção e uma tendência dos dirigentes políticos de comprarem lealdade com chantagem, ao invés de incentivar a participação comunitária. Muitos falam do perigo duplo, segundo o qual o governo ou resiste à organização de base ou tenta cooptá-la. Outras mudanças óbvias têm aparecido. Por exemplo, mesmo onde os funcionários do governo tendem a apoiar o movimento comunal de base na organização dos de baixo, a mera presença de recursos estatais têm efeitos inesperados. Movimentos podem tornar-se dependentes deles de maneiras que afetam sua estrutura organizacional, gastando energia ao lidar com a burocracia estatal, ao preencher pedidos de empréstimo e lidando com montanhas de formulários, ao invés de mobilizar a base.

Além do mais, sobretudo onde as comunas não produzem e, portanto, não possuem recursos próprios, há uma tendência perigosa em direção à competição entre movimentos de base por recursos estatais. Tal perigo tem surgido em El Cementerio. Ironicamente, não muito depois que os jovens *comuneros* de *Sin Techo* consolidaram a trégua entre as gangues, trazendo uma paz relativa à favela, eles se chocaram com o coletivo revolucionário vizinho. Como o apelo por financiamento estatal baseia-se na força organizacional do grupo em suas áreas, as vantagens por controlar territórios são altas e em meados de 2014, levaram à morte de dois membros da comuna.

Autonomia e financiamento estatal

Enquanto alguns na esquerda tendem a assumir que o Estado apoia o movimento, ou o coopta, ou reprime, a experiência das comunas venezuelanas têm sido muito mais complexa. O financiamento estatal "imediatamente energiza e vitaliza a organização popular", Antillano explica, mas se a busca por recursos se transforma em substituto à organização, "rapidamente ela corrói a organização que está se tentando ajudar", mesmo sem esta intenção. Antillano evoca a mitologia grega para descrever a maldição do dinheiro do petróleo com uma interminável "punição de Sísifo": movimentos encaram uma verdadeira batalha morro acima para ter acesso a recursos estatais, apenas para mais tarde ver seus esforços organizacionais rolarem morro abaixo.

Apesar do perigo, Antillano não está entre os puristas que acham que os movimentos devam prescindir dos recursos do Estado. Isto condenaria o movimento à falência política, em parte porque se eles não receberem os recursos, alguém os receberá em seu lugar. A pergunta real é como lidar com os desafios de cooptação e dependência no Estado, e como melhor usar os recursos para aprofundar a autogestão. Não há saída fácil, insiste Antillano: "você pode fazer política contra o Estado ou com o Estado, mas estará ferrado se tentar fazer política sem o Estado."

* * *

Outras comunas, como a *Pío Tamayo*, que não fica longe de *Ataroa* e *El Maizal*, extrapolaram a missão de apenas abraçar no campo da cultura a tarefa de produzir vida comunal. Mesmo cercada de fábricas e armazéns em uma zona industrializada ao norte de Barquisimeto, estes *comuneros* ainda não produzem nada. Ao menos até agora. Ao invés disso, tentam transformar um ponto fraco em forte, insistindo que a melhor forma de produzir é, primeiro, desenvolvendo sólidas bases revolucionárias.

Batizado em homenagem a um dos iniciadores do comunismo na Venezuela, a comuna *Pío Tamayo* unifica quinze conselhos comunais dos bairros historicamente militantes de La Antena, que foi foco guerrilheiro nos anos 1960. Muitos foram pegos de surpresa por Chávez, apesar de logo terem identificado sua verdadeira face: um reflexo da comoção contra o neoliberalismo que explodiu nas ruas durante o *Caracazo*. "Foi como se ele fosse o filho dos eventos do dia 27 e 28 de fevereiro de 1989", explicava a *comunera* Nancy Perozo, lembrando quando moradores locais tomaram as ruas em apoio ao golpe fracassado de fevereiro de 1992, "e nós, o povo, ainda não voltamos para as nossas casas".

A comuna *Pío Tamayo* juntou-se mais por razões políticas do que econômicas. Apesar de reconhecerem a sua importância, estes *comuneros* são rápidos ao apontar os perigos de construir as comunas em torno da produção, entrando no campo da economia sem desenvolver uma coesão política anterior. Muitas delas, argumentam, formam-se em torno de um negócio comunal desde o início, levando algumas a dividirem-se ou a fracassar por disputas internas sobre quem controla o negócio, ou as baixas taxas de juros em empréstimos que normalmente os acompanham. Sem um compasso político afinado, insistem estes velhos comunistas, a ameaça da corrupção pode surgir em qualquer esquina.

Além do mais, os desafios encarados pelos novos empreendimentos produtivos podem intimidar. Em geral, o governo encabeça os esforços, identifica as prioridades de produção e providencia empréstimos para as *startups*. Porém, se os participantes carecem de experiência ou não conseguem mobilizar participação local suficiente, muitos destes projetos acabam. Também é frequente o problema do mercado em si. A dependência do petróleo significa que a economia fica inundada de bens baratos importados dos EUA, dificultando a competição para empreendimentos de baixo custo, sobretudo se o objetivo é pagar aos trabalhadores um salário digno.

Ao mesmo tempo, a produção é apenas um meio, não o fim. O objetivo é o autogoverno e, eventualmente, substituir o Estado por uma estrutura política alternativa, da qual as comunas são a base fundacional. Novas práticas, ideias e conceitos de poder são ingredientes cruciais para este Estado participativo e alternativo, que só pode ser construído, "*al calor del pueblo*", nas palavras do porta-voz da comuna, José Miguel Gómez. "Nós apenas aceitamos o acompanhamento do Estado, não a sua direção", diz Gómez. "Vocês não se consultam conosco, vocês debatem política conosco". Enquanto alguns podem relativizar uma tal perspectiva como discurso vazio, desenvolver coesão política desde o início fez com que *Pío Tamayo* ganhasse maior confiança para que seus projetos econômicos futuros dessem certo. Segundo Goméz, "Estamos construindo a política comunal para aprender a administrar a economia comunal de forma que deem frutos."

Estes militantes podem logo ter uma chance para testar na prática sua teoria. Quando a Cervejaria Brahma, propriedade da multinacional belga-brasileira Ambev, tentou fechar uma fábrica na região no início de 2013, mais de 300 operários resistiram e ocuparam a indústria, renomeando-a "Unidade Proletária". Porém, quando os trabalhadores retomaram a produção da fábrica, engarrafando água para distribuição local, foram atacados pela polícia, e o governador oposicionista Henri Falcón cortou o acesso deles à fonte. A comuna de *Pío Tamayo*, assim como *Ataroa*, está usando a Lei Orgânica das Comunas, assim como a mobilização política direta, para pressionar o governo e transferir a fábrica ao controle da comuna. O processo não tem sido fácil e os tribunais têm ameaçado devolvê-la às mãos privadas, sendo que em março de 2016 uma parte da fábrica sofreu um ataque incendiário por pessoas não identificadas.

A comuna que segue o exemplo da colmeia

Comunas urbanas têm lidado com os desafios da produção de formas distintas. Se *Pío Tamayo* usou suas sólidas bases políticas para apropriar-se de uma fábrica local ocupada por operários, outras têm adaptado seu discurso ao terreno socioeconômico. Como as favelas são, antes de tudo, espaços em que bens e pessoas circulam e não locais de produção, algumas comunas têm construído coletivos de distribuição e transporte. Outras têm reproduzido redes existentes, estabelecendo empreendimentos socialistas para distribuir bens das comunas do campo para aquelas nas cidades. Há ainda outras que tentam dar saltos no processo de produção, criando fábricas socialistas onde nada antes era produzido. A comuna *El Panal* 2021 tem buscado tudo isto de uma só vez.

Localizada no bairro historicamente revolucionário de 23 de Enero, ao leste de Caracas, esta comuna é a base de alguns dos movimentos mais radicais da Venezuela. No início a área estava sob controle do Coletivo Alexis Vive, um dos muitos coletivos que pegaram em armas para garantir a segurança do bairro ante os traficantes de drogas e a polícia. Muito antes das comunas existirem, o coletivo via a autodefesa como parte de um processo mais amplo, sendo natural que ele desempenhasse um papel de destaque na comuna a partir da sua sede, que exibe uma grande maquete tridimensional de todo bairro e um muro de câmeras de monitoramento para garantir a segurança da área. Abrangendo sete blocos de apartamentos multicoloridos de quinze andares, além da favela que surgiu entre eles, a comuna incorpora 1.600 famílias e 12 mil moradores locais.

O nome *El Panal* significa "o favo". Ao longo dos séculos, filósofos e economistas têm se voltado às abelhas enquanto metáfora para explicar as potencialidades e os limites humanos na ação coletiva. Enquanto alguns o fazem para ressaltar as diferenças entre elas e os humanos, argumentando que os insetos trabalham de forma coletiva enquanto as pessoas são naturalmente competitivas, os ativistas aqui estão mais voltados às similaridades. Para Robert Longa, representante mais visível do Coletivo Alexis Vive e da comuna *El Panal*, a natureza comunal das abelhas mostra que as pessoas também podem viver e produzir juntas de forma igualitária, e que não há contradição entre o indivíduo e o coletivo. Sem um plano grandioso ou uma rígida estrutura hierárquica, as comunidades de abelhas ou de humanos podem construir uma colmeia feita de "perfeitos hexágonos".

O favo é a comuna em si, um espaço construído diretamente para a vida democrática comunal, e o mel que o preenche vem dos programas sociais do Estado venezuelano financiados pelo petróleo. Saúde, educação, esportes e atividades culturais visam enriquecer e nutrir a população local. Porém, esta imagem harmoniosa não conta a história por inteiro, pois afinal, muitos organizadores em *El Panal* são comunistas revolucionários, armados desde cedo para autodefesa. A comunidade também tem seus inimigos, em particular o zangão, inseto improdutivo e parasitário. Enquanto zangão *(zángano)* na gíria local refere-se às pessoas preguiçosas em geral, membros da comuna *El Panal* entendem que o termo reflete mais especificamente as elites econômicas e políticas improdutivas que têm vivido do trabalho da comunidade. Apenas expulsando o zangão, explica Robert, que a vida comunal pode ser reconstruída em forma direta e participativa como o autogoverno entre iguais.

O nome é coerente. O zunido da atividade produtiva de *El Panal* comprova que a produção econômica é mais eficiente quando construída sobre sólidas bases de unidade política. Como *Ataroa* e outras comunas, *El Panal* começou com a imprensa alternativa. A estação de radiodifusão, a Rádio Arsenal 98.1, tem transmitido música, debates políticos e notícias para as comunidades no entorno há mais de uma década, e o estúdio do canal de TV comunitária está quase completo. A comuna, explica o ativista Sérgio Gil, é "uma grande escola", e esta infraestrutura de comunicação tem papel central na expansão do programa educacional que inclui arte jovem e programas de música. Uma grande quadra poliesportiva está em construção, e os *comuneros* se orgulhavam ao afirmar que apenas contrataram a juventude qualificada localmente do bairro. Como diz Gil, "o povo faz o trabalho".

Os ativistas tentam incluir os moradores de todas as torres do prédio como membros ativos no dia a dia da comunidade, também para expandir sua base produtiva. O parlamento comunal gere uma padaria local, uma fábrica de empacotamento de açúcar e um supermercado Mercal, subsidiado pelo governo. Um restaurante foi inaugurado, voltado não para a produção de lucro, mas para construir um sentido de comunidade, prestando serviços autossuficientes, refeições estudantis de baixo custo, e um espaço para os moradores locais se reunirem.

Enquanto consolidam a produção em seu próprio território, *El Panal* também tem estendido as antenas e dispersado suas abelhas exploradoras pelo campo para estabelecer aquilo que chamam de *panalitos*, ou "pequenos favos". Funcionando enquanto mini comunas, estas pequenas colmeias, principalmente no interior, têm servido como nódulos na rede de distribuição de bens básicos como leite, feijão, açúcar e farinha de milho, ligando o urbano ao rural através de trocas diretas. A parceria com o movimento camponês Jirajara do estado de Yaracuy no centro-oeste do país, por exemplo, abastece a fábrica de empacotamento de açúcar em Caracas com matérias-primas de um produto muitas vezes difícil de encontrar nas prateleiras de supermercados.[56] Recentemente, uma destas colmeias, a de Valencia, estado de Carabobo, cresceu para tornar-se um comuna satélite, com doze conselhos comunais próprios. Assim como no caso das outras comunas, todo superávit é reinvestindo na expansão e consolidação da comuna, permitindo que ela continue a expandir como ente autossuficiente. "Não recebemos nada do governo", explicou um dos participantes.

Cultura comunal como base da produção anticolonial

Produzir a cultura comunal, porém, é mais do que só consciência política ou existência coletiva. É algo que coloca o dedo na ferida das complexidades da cultura colonial venezuelana, que sempre privilegiou a imigração branca e o consumismo urbano. Quando a Venezuela tornou-se "moderna", em outras palavras, começou a refletir a cultura capitalista euro-americana, mui-

[56] Christina Schiavoni, "Competing Sovereignties in the Political Construction of Food Sovereignty", *International Institute of Social Studies*, 24 de janeiro, 2014.

tos abandonaram o campo, e o progresso passou a ser medido pela capacidade de consumo de bens importados como macarrão italiano, whisky escocês (a Venezuela consome esses itens mais do que qualquer outro país latino-americano), e, cada vez mais, eletrônicos.

Não é coincidência que aqueles que lutavam desde o início contra o domínio colonial e a escravidão, em geral, também constituíram sociedades comunais fora do domínio espanhol, das tradicionais comunidades indígenas aos quilombos *cumbe* fundados por escravos fugidos. Também não é coincidência que aqueles inspirados hoje na continuidade de novas formas de vida comunal e produção coletiva, compatíveis aos costumes tradicionais, mostrem os caminhos desta nova cultura comunal – enfatizando sustentabilidade em detrimento do consumismo – e sendo também anticolonial até a raiz do cabelo.

Na pequena comuna de *Zancudo,* no extremo sul das planícies venezuelanas, moradores estão engajando-se na produção autossuficiente, com formas de democracia direta ao longo do processo. Com a ajuda de Walter Lanz, um ativista nômade e fundador daquilo que chama de Escola Popular de Piscicultura, a comuna passou os últimos anos aprendendo a criar um peixe tambaqui de cativeiro, chamado *cachama,* em valas cheias de água deixadas para trás durante a construção de uma estrada. Ali, os peixes alimentam-se das sobras, dos restos de *yucca*, abóbora e banana. Os membros da comuna investiram zero, explica Lanz, e agora eles possuem alguns milhares de dólares, algo que não é insignificante para esta pequena comunidade, para reinvestir na comuna. O superávit que eles obtêm no processo tem sido mais que apenas econômico, pois os peixes serviram como instrumento organizacional para aproximar as pessoas da comuna e gerar uma nova identidade coletiva e participativa. Quando primeiro criou-se a comuna, alguns adolescentes, cuja única educação política havia sido o processo de cultivar peixes, foram eleitos seus porta-vozes.

Lanz vê como parte central de seu trabalho desmistificar o processo de criar peixes, provando na prática ser dispensável laboratórios ou experiências técnicas – uma ideia errônea que até o governo chavista tem incentivado. "Até uma criança pode criar *cachama*", ele insiste, dando um exemplo prático de formas locais de resolução de problemas. Quando a água precisava ser oxigenada para que os peixes se multiplicassem, a comunidade optou por uma solução simples, deixando as crianças nadarem lá. O governo Chavista é muito focado no nível macro, explica Lanz, enfatizando enormes indústrias estratégicas e a produção em massa de bens de consumo específicos, "mas nós precisamos é de pequenos projetos para preencher os espaços improdutivos".

O intelectual e militante histórico José Roberto Duque passou anos documentando e participando das lutas populares em Caracas, antes de abandonar o burburinho da capital pela vida no campo. Duque acredita que "a comuna deveria começar com uma única pergunta: como você vai financiar isso?" A questão não é sobre como arranjar recursos do governo pois, segundo ele, "dinheiro do governo é cimento fraco para juntar uma comunidade", mas como produzir de forma sustentável para evitar a dependência do Estado. Duque afirma que os últimos anos testemunharam uma profunda transformação cultural, que direcionou a comuna de volta a protótipos de origem pré-colonial e indígena.

Se a ideologia predominante desde os anos 1950 tem apresentado as cidades como oásis de modernidade, ela, ao mesmo tempo, pregou desprezo pelo campo como um espaço de caipiras atrasados. Velhos estilos de vida tornaram-se palavrões, e ícones da Venezuela rural serviram para fazer chacota, *conuco* foi uma destas palavras. Apesar de não serem comunas, *conucos* são pequenas granjas sustentáveis, em que famílias produzem uma variedade de culturas necessárias para sobreviver: uma bananeira aqui, um pouco de *yucca*, milho e feijões ali, todos em volta de um pequeno casebre de lama. Antes desdenhado alvo de piadas, nos últimos anos, porém, tem surgido um novo interesse e curiosidade pelo campo, e tudo isto está ligado a Chávez.

Nascido no interior e marcado por sua cultura, ele era conhecido por cantar baladas folclóricas ao vivo na televisão, ajudando a acabar com a vergonha do interior e fazendo as pessoas voltarem a querer ser agricultores. Afinal, desprezo pelo campo também é desdém de classe, que deve ser derrotado junto com o desdém por moradores das favelas urbanas, muitos dos quais vieram do interior. O papel da imprensa nessa transformação tem sido crucial, com leis de produção de conteúdo exigindo certas porcentagens de transmissão produzidas nacionalmente. Isto tem gerado um genuíno renascimento de formas musicais tradicionais. Enquanto no passado a televisão nacional mostrava principalmente a salsa, merengue, reggaeton, pop e rock, hoje pode-se ver um clipe de música de vaqueiros na planície dançando um *joropo* animado, acompanhados por uma harpa e o *cuatro* venezuelano, gaitas típicas do estado de Zulia ao oeste do país, e o batuque do tambor afro-venezuelano presente em particular nas áreas costeiras.

Antes um palavrão, *conuco* agora vem sendo ressignificado. Na comuna de *Ataroa*, por exemplo, um novo empreendimento socialista para criar porcos a preços acessíveis foi renomeado El Konuco. Este é um dos muitos termos. No passado, escravos fugitivos tomaram territórios para construir formas iniciais de comunas conhecidas como *cumbe,* para se autogovernarem de forma autônoma e lançar ataques contra os espanhóis. Hoje, o *cumbe* começa a renascer, sobretudo na zona costeira afro-venezuelana de Barlovento ao leste de Caracas, onde quilombos mantiveram-se até o final do século XIX. Ativistas *comuneros* em Barlovento têm, na prática, ampliado o sentido da comuna, inspirando-se nessas fontes, aprofundando suas raízes anticoloniais. Como resultado, os afro-*comuneros* têm desenvolvido redes de produção comunal de chocolate, insistindo na sustentabilidade ambiental, e até adotando uma moeda própria com nome de um escravo fugitivo, *el cimarrón.*

Além das comunas afro e indígenas, mulheres revolucionárias também associaram-se naquilo conhecido como a Escola Nacional de Feminismo Popular, para formular o que chamam de comunas antipatriarcais. Unindo representantes de 25 comunas, além de movimentos sociais internacionais, estas organizadoras têm complementado a visão básica comunal de autogoverno e produção sustentável, com a insistência de que uma forma verdadeiramente comunal de espaço precisaria enfrentar as hierarquias de gênero, sobretudo em relação ao trabalho doméstico. As comunas, afirmam, deveriam também incluir assistência infantil comunal e áreas de lazer, assim como garantir controle participativo das mulheres sobre contraceptivos e parto. Como muitas comunas afro e indígenas, esses espaços antipatriarcais tendem a adotar uma visão de relações ecológicas e sustentáveis com o meio ambiente.[57]

Rumo ao campo

Há aproximadamente cinco décadas, inspirados pela revolução cubana, e na expectativa de que repetiriam rapidamente o mesmo triunfo, centenas de jovens estudantes românticos abandonaram a cidade pela guerrilha no interior venezuelano. Hoje, muitos refazem esta peregrinação rumo ao campo, mas sem as ilusões de uma vitória rápida ou fácil, mesmo porque eles não estão lutando contra um governo, mas contra toda uma cultura. Há quase uma década, rappers e revolucionários dos bairros de Caracas começaram a construir suas próprias casas comunais numa vila autossustentável no Estado rural de Carabobo, conhecida como Los Cayapos, cujo nome provém de um termo indígena para trabalho coletivo. Segundo explica a jovem *comunera* Mónica, que participou destes movimentos de volta ao campo, "nós queremos retornar ao interior como nossos ances-

---

57 Cultura Nuestra, "The Meeting of a Feminist and Communal School", *Venezuela Analysis*, 19 de outubro de 2015. Disponível em: venezuelanalysis.com.

trais e fazer tudo coletivamente como eles faziam... não é algo isolado – milhares de nós estão pensando a mesma coisa".

Os ex-agricultores que hoje, em sua maioria, foram incorporados à pobreza urbana na Venezuela, foram forçados para fora de suas terras há meio século. Nas palavras de José Roberto Duque, "fomos violentamente apropriados para criar cidades, o Estado burguês nos sequestrou para nos tornar cidadãos cosmopolitas menos de um século atrás, e tinha tudo para dar errado, porque a prosperidade das cidades era um mito e uma ilusão." Ainda hoje, insiste, muitos "lembram que já tivemos um país próprio e não era cheio desses *shopping centers* de merda". A distância entre os moradores das favelas e seus ancestrais recentes, entre coletivos revolucionários nas motocicletas e rebeldes indígenas e escravos, que percorriam as planícies a cavalo aterrorizando a elite, talvez não seja tão grande assim.

A visão de Duque com certeza é tão romântica quanto materialista. Ele próprio recolheu-se a um pequeno e distante povoado montanhês, no qual constrói uma modesta moradia, feita não de lama, mas de lixo reciclado. Muitas vezes desce à cidade com cachos de bananas para trocas informais com amigos e vizinhos, vivendo por semanas apenas à base do escambo. Hoje, explica, "há uma pressão em direção ao campo, para plantar alguma coisa, construir uma casa. Você não precisa colocar um revólver na cabeça destes jovens para irem ao campo, como o fez Pol Pot. Será *assim* que o Estado comunal irá surgir".

Conclusão
Um futuro comunal?

Em 2007, quando Chávez começou a pensar em unificar conselhos comunais que já davam certo nas comunas, recuperou uma das "três raízes" na qual enxergava a "árvore" da ideologia bolivariana: o eclético utopista socialista do século XIX e educador radical Simón Rodríguez. Um dos professores e fonte de inspiração de Bolívar, Rodríguez passou a maior parte da vida no exílio forçado, quando adotou o pseudônimo "Robinson", por conta da figura de Robinson Crusoé.[58] Segundo a história, Crusoé encontrava-se à deriva no delta do rio Orinoco – isto é, na orla da costa venezuelana – escravizando por fim um caribenho que ele chamou de Sexta-Feira. Rodríguez também estava afastado de casa e, assim como muitos outros, encontrou na figura de Crusoé um exemplo prático e popular de educação.

Logo depois da morte de seu aluno mais famoso, Rodríguez elaborou de forma ambiciosa uma visão ideal de República latino-americana, que se tornou ponto de referência mandatória, recuperando velhos debates sobre a transição ao socialismo, ao mesmo tempo em que construía uma resposta especificamente venezuelana. Em carta de 1847, Rodríguez incitou a destruição

[58] Richard Gott, *Hugo Chávez and the Bolivarian Revolution*. London: Verso, 2011, p. 102–9.

das forças religiosas e militares que dominavam a Venezuela e sua substituição por um sistema descentralizado de poder local, que chamava de "toparquia". Fundindo teorias do socialismo europeu com a realidade concreta da história comunal indígena latina, ele escreveu que cada uma destas pequenas unidades autogeridas uniriam-se numa ampla confederação, que ele projetava como "a forma mais perfeita de governo daqueles que conseguem imaginar a melhor política".

Hoje, o conceito de toparquia está sendo ressuscitado como uma contribuição inovadora a debates permanentes em torno da visibilidade das pequenas "ilhas de socialismo", em meio ao vasto e turbulento oceano capitalista. Isso, apesar de que na Venezuela, no passado e no presente, estas ilhas são menos isoladas e mais povoadas por Sextas-feiras do que por Crusoés. Para o ex-ministro das comunas Reinaldo Iturriza, a comuna representa "trincheiras das quais batalhamos para construir uma versão muito particular, incomparável e "toparquica" de socialismo. E você pode ter certeza de que existem mais: lugares aos quais não chegamos, experiências que ainda não conhecemos".[59]

Adotar a toparquia não é, porém, romantizar o poder local disperso, mas reconhecer, com humildade e olhos bem abertos, o ponto de partida servindo para mapear de forma realista o campo de batalha. É também pensar a estratégia crucial de consolidar e unificar um sistema comunal mais ambicioso. A descrição das comunas como uma rede "toparquica" local de autogoverno ganhou força surpreendente na atualidade. Ela

---

[59] Reinaldo Iturriza, "Desear la comuna," *El Otro Saber y Poder*, 22 de agosto, 2013. Disponivel em: elotrosaberypoder.wordpress.com

é reivindicada não só nos discursos dos líderes políticos, mas surge também organicamente de diversos ativistas comunais, enquanto descrição mais correta do processo assim como o seu objetivo, o meio e o fim.

Por exemplo, num espaço comunal nas Terrazas de Cúa, vale fértil a mais de uma hora ao sul de Caracas, o coletivo local leva o nome de Toparcha, e o simpático cachorro que circula é carinhosamente chamado de Topo. Aquilo que já foi uma zona de guerra está sendo substituída por um espaço comunal impressionante, com quadra poliesportiva completa ao lado de um grande e bem equipado playground, todos desenhados e construído pelos próprios vizinhos. Os *comuneros* mantém uma horta comunitária com pimenta, alho e ervas, e os ativistas mais jovens construíram um estúdio de gravações em uma edificação de terra, que hoje é decorada por um mural do músico revolucionário Alí Primera.

"A revolução não depende mais do governo"

O estado de Miranda, onde estão localizados, permanece nas mãos da oposição há oito anos, e seu governador, Henrique Capriles foi, inclusive, o candidato presidencial da oposição. Porém, como explica a ativista *comunera* Rosa Capote, alguns dos seus mais poderosos inimigos vestem-se de vermelho como no caso do prefeito chavista local. Temendo perda de influência, ele tentou impedir a comuna de se registrar junto ao governo. Ironicamente, o resultado da experiência foi oposto ao de congêneres. Formaram uma comuna real por anos, mas só recentemente conseguiram registro oficial.

Mesmo em atrito com chavistas poderosos, estes ativistas *comuneros* são fiéis ao processo revolucionário como um todo e constituem seus principais garantidores. São eles que têm construído comunidades locais sustentáveis e incentivado o ativismo de base; estão fazendo o difícil trabalho cotidiano de reconstruir a Venezuela de baixo para cima. Se a revolução bolivariana tropeçar, como parece estar acontecendo agora, a experiência de construir uma comuna sem apoio governamental e em terreno hostil, dá a estes militantes confiança para continuar. "A revolução não depende mais do governo" orgulhosamente declarou um *comunero* adolescente em Terrazas de Cúa. Se o governo Maduro desaparecer amanhã, "ainda assim estaremos aqui".

A organização revolucionária de juventude Otro Beta tem cumprido um papel importante de apoio não só a esta pequena ilha comunal, como também a outras partes de Miranda. E se a experiência de construir uma comuna remando contra a maré fortaleceu o impulso revolucionário dos ativistas em Terrazas de Cúa, tentar consolidar uma estrutura comunal mais ampla no terreno inóspito deste estado governado pela oposição tornou a perspectiva "toparquica" necessária. Miranda, o estado venezuelano mais densamente povoado, inclui favelas como Petare e as férteis zonas rurais que chegam a Cúa, mas também os bairros ricos e condomínios exclusivos, que alimentam a dominação local pela oposição. Neste terreno particular e resistente, o projeto comunal tem ocorrido de forma muito distinta. Surgiu no seu lugar uma rede de pequenos espaços comunais e empreendimentos socialistas, que se conectam apenas à distância.

A Lei Orgânica das Comunas foi, acima de tudo, formulada para consolidar poder local em zonas específicas. Ocorre, no entanto, que a lei não é muito adequada para construir relações à distância. Sendo assim, ativistas do Otro Beta entendem ser seu papel ajudar a integrar uma rede estratégica de trocas entre as dispersas ilhas de produção e participação socialistas. Eles viajam pela região, facilitando as trocas entre os conselhos comunais e os empreendimentos socialistas, ajudando ativistas locais a navegar pelas formalidades da burocracia estatal, e elevando o nível de consciência sobre o projeto comunal. Ao conectar uma cooperativa têxtil à comuna que precisa de uniformes escolares, por exemplo, ou construir relações entre agricultores rurais de banana com conselhos comunais em áreas urbanas, eles estão começando a tecer um tipo gigantesco de rede comunal. "Queremos unificar toda Miranda", explica Jorge Vilalta.

Tal projeto não seria legalmente reconhecido como uma comuna, uma vez que a lei estipula que aqueles nela envolvidos devam ocupar um mesmo espaço. Ele é mesmo assim um ingrediente, e talvez o ingrediente chave, para uma realidade comunal mais ampla, em que a participação é mais importante do que os requerimentos legais, e que precisam urgente de unidade caso queiram sobreviver. Nancy Perozo, porta-voz da comuna Pío Tamayo, descreve o projeto comunal como "uma rede, como a teia de uma aranha, um tecido que move do conselho comunal às comunas aos eixos territoriais... nós vamos avançar em direção às cidades comunais, e depois rumo ao socialismo em toda a pátria". Esta imagem da costura de um vasto tecido comunal revela o que está em curso na Venezuela mais do que mera descentralização ou um simples autogoverno localizado.

Segundo o coordenador da comuna, Geraldo Rojas, a descentralização, palavra-chave das reformas neoliberais, é "um discurso de direita". Já o surgimento do Estado comunal busca consolidar poder no sentido oposto, "agregando por baixo". Se as comunas venezuelanas são instituições territoriais voltadas a retomar, aos poucos, espaços do capitalismo, os desafios colocados no território estão entre os mais graves. Como nódulos dispersos pelo estado de Miranda, até comunas consolidadas têm dificuldades em unificar espaço local como exigido pela lei. Por exemplo, a de *Ataroa* passou por uma séria divisão após um enfrentamento político ter levado dez dos quarenta e dois conselhos comunais ao leste romperem com a comuna. Em termos legais, estes novos conselhos não podem constituir uma comuna; foi apenas por sorte que *Ataroa* manteve quantidade suficiente de conselhos que permitiu o parlamento comunal continuar funcionando dentro do quórum.

Porém, o território também é a principal fonte de poder das comunas. A genialidade tática do movimento Occupy Wall Street, dos Indignados na Espanha e dos egípcios que se juntaram na Praça Tahrir foi tomar o espaço, democratizá-lo, e se recusar a sair. Para muitos ativistas *comuneros* pela Venezuela, sua tarefa é a mesma: conquistar espaço e territorializar o socialismo como única forma possível de garantir o futuro.

Estado comunal x Estado burguês

Pode o Estado comunal na prática substituir o Estado existente? Quando conversamos com a vice ministra das comunas, Rosángela Orozco, em 2014, ela hesitou antes de responder à pergunta: "devo responder como ministra, ou como militante?". Para Orozco, veterana do Coletivo Alexis Vive, as comunas não existem apenas para complementar o Estado existente: "as comunas são feitas para governar, mas o que nos preocupa é termos um Estado capitalista que se recusa a morrer". A revolução bolivariana já tem inimigos externos suficientes para criar agora os internos. Então, apesar da defesa pública de Maduro sobre a necessidade de "destruir o Estado burguês", na prática o governo tem evitado a questão do conflito inerente entre o Estado tradicional e este novo "Estado" comunal.

Roland Denis não experimenta tais hesitações. Na sua visão, o Estado *comunero* é "apenas um nome disfarçado para o Estado comunista". Esta resposta acaba levando a mais perguntas, uma vez que Marx descreveu a Comuna de Paris como uma "revolução contra o próprio Estado".[60] "É aí que entramos nas próprias contradições do termo – que Estado, se na prática estamos falando de um não-Estado?" diz Denis. "As comunas poderiam criar uma capacidade produtiva que começa a competir com o capitalismo, com suas próprias regras e lógica interna, e isso, de fato, poderia gerar progressivamente um não-Estado".

---

[60] Karl Marx, *A Guerra Civil na França*, primeiro rascunho (abril-maio 1871).

Essa competição entre o Estado tradicional e as comunas já está começando a surgir. Para Alex Alayo da comuna *El Maizal*, o Estado tradicional e o Estado comunal atualmente coexistem (desconfortavelmente) como duas formas distintas de poder. De um lado, há um governo popular na estrutura do Estado burguês; do outro, esta rede livre de territórios que se expande "construindo um novo Estado" pela base. As tensões e "fricções" que surgem em tal situação são inevitáveis, e apenas aumentarão com a expansão das comunas. "Nós estamos travando uma guerra aberta contra o Estado burguês tradicional", diz Alex. Se as lutas populares forem cooptadas e capturadas pelo Estado tradicional, mesmo que em formas sutis, a Revolução Venezuelana pode ter o mesmo destino da Revolução Mexicana, ocorrida há mais de um século. Segundo a piada de um general, "a revolução se degenerou tornando-se governo." Para Alayo, "a institucionalização da revolução significa a morte da revolução". Em alguns sentidos, ele até se preocupa, porque "a revolução parou... e se ela irá avançar ou não, depende do povo".

Os últimos meses têm servido para nos recordar destas tensões entre o novo e o velho, em que elementos mais conservadores do Estado existente lançam contra-ataques voltados ao coração do Estado comunal em construção. Ativistas continuam a ser assediados e presos, e ainda mais preocupante, uma das turmas da Suprema Corte até chegou a revogar o caráter agrário da comuna *El Maizal*, após os antigos proprietários reclamarem que as terras não eram improdutivas e, portanto, não poderiam ter sido expropriadas. Movimentos sociais e o próprio presidente Maduro atacaram a manobra legal, levando a Corte a suspender sua decisão. Porém, a pergunta continua: sem Chávez as comunas conseguem ou não ter o apoio necessário para sobreviver ao inevitável ataque das forças reacionárias por dentro e por fora do chavismo?

Os desafios que o projeto comunal enfrenta são muitos: produtividade econômica, sobretudo nas favelas urbanas; político, da oposição antichavista e por dentro do chavismo; cultural, de romper com o consumismo baseado na economia petroleira e caminhar em direção a uma economia sustentável, erguida sob uma cultura coletiva. Não nos deixemos enganar achando que construir as comunas na Venezuela não seja, antes de mais nada, uma luta contra todas as apostas. Mas a mera possibilidade desta batalha existir significa que muitas coisas mudaram na Venezuela, desde a explosiva rejeição dos pobres ao neoliberalismo em 1989.

Onde alguns apenas veem impossibilidades, aqueles que militam na base sabem que não há outra saída a não ser lutar para construir esta alternativa concreta, utilizando toda alavancagem possível. E elas estão nos lugares menos esperados. As palavras de Chávez e as leis que seu governo aprovou deram importantes armas para consolidar as comunas que surgiram antes da lei, e que hoje transcendem a própria legislação. O último grande discurso de Chávez, o "Golpe de Timón", deixou claro que ser um chavista é ser um *comunero*, construindo um ponto de referência quase universal para legitimar o projeto comunal.

A par disso, e além da promessa de participação popular consolidada na constituição, ativistas estão ambiciosamente usando a Lei Comunal para exigir transferência de poder das mãos privadas e do Estado direto às comunas. Mesmo se tal iniciativa depende das próprias composições das lideranças locais, muitos *comuneros* estão usando tal medida para expandir sua autoridade, e provar que eles podem governar a si mesmos mais eficazmente que ambos os setores, público e privado. Como se não bastasse, exigem em escala nacional que todo município renove os conselhos locais de planejamento público, incluindo representantes das comunas próximas. Enquanto estes conselhos, que realizam a auditoria do orçamento municipal têm sido aparelhados pelos prefeitos locais, podendo hoje representar um campo de batalha central no conflito entre o velho e o novo Estado.

Indiscutivelmente, o impulso mais importante para as comunidades vem da própria crise, entretanto. O período desde a morte de Chávez viu o estável crescimento econômico do período anterior entrar em colapso, abrindo caminho a uma espiral de crise cambial, inflação, e falta aguda de alguns bens básicos. O colapso no preço mundial do petróleo é, em parte, responsável por isto. Porém, o são ainda mais os repetidos fracassos em romper com a dependência petroleira pelo estímulo da produção doméstica. Trata-se de uma contradição que ultrapassa um século e, ao contrário do que tem argumentado a oposição, o problema está no sistema, não no governo. Ainda assim, nos últimos anos, um sistema rígido de controle cambial incentivou a explosão epidêmica da especulação no mercado negro, contrabando, e entesouramento de bens de consumo, estimulando a atual devastação.

Poder popular como alternativa às derrotas da revolução

Corrupção na interação entre o Estado e o setor privado tem sido uma praga que o chavismo não conseguiu eliminar. Apenas em 2012, cerca de 20 bilhões desapareceram no buraco negro do setor de importação privada – dinheiro que deveria ter voltado a encher as prateleiras do país, mas terminou no bolso de especuladores corruptos, e no de alguns funcionários do Estado também. Estimativas recentes sugerem que até 40% de toda a comida produzida ou importada à Venezuela é contrabandeada pela fronteira, sendo revendida a preços muito mais altos, assim como 4 bilhões anuais em gasolina.[61] A fraude e a corrupção gigantesca são denunciadas pelo governo como "guerra econômica", apesar de ser motivada tanto por razões políticas quanto econômicas.

Pode parecer contraditório sugerir que as comunas possam se beneficiar da crise. Afinal, com o enxugamento dos recursos petroleiros, elas sofrerão. Mas com o aprofundamento da crise e o corrupto setor de importações mostrando-se débil, as comunas ganharam força de atração enquanto entidades estáveis e produtivas para a Revolução Bolivariana. Por produzirem aquilo que as comunidades precisam em nível local, muitos *comuneros* enxergam-se como a melhor arma contra a guerra econômica. "O Estado não atendeu às expectativas", afirma Ángel Prado da comuna *El Maizal*, gabando-se que *El Maizal* é vinte vezes

---

[61] "Contrabando hacia Colombia agudiza escasez en Venezuela", *Portafolio*, 14 de fevereiro, 2014. Disponível em: portafolio.co.

mais produtiva e possui muito menos recursos que ambos os setores, privado e estatal.[62] Novos mecanismos criados nos últimos meses permitem às comunas esquivar-se dos importadores pela importação direta de matérias-primas necessárias, para não dizer das ambiciosas propostas em garantir controle comunal participativo sobre o setor de importações.[63] Imagine o que as comunas poderiam fazer com 20 bilhões!

O ponto de interrogação que permeia o futuro do governo Maduro pode muito bem ser o melhor catalisador possível para a comuna, e para as bases revolucionárias como um todo. A despeito de uma catastrófica derrota eleitoral em dezembro de 2015, que deu à oposição de direita maioria absoluta em dois terços da assembleia nacional, com isso ganhando o poder de mudar a Suprema Corte, usá-la para derrubar o presidente, e convocar uma assembleia constituinte para reescrever a constituição de 1999, o país continua intensamente chavista.[64]

---

62 Há boas razões para acreditar que a produção autogerida pode ser tão produtiva quando a produção privada ou estatal, se não mais. Ver Dario Azzellini, ed., *An Alternative Labour History: Worker Control and Workplace Democracy*. Londres: Zed, 2015).

63 Para a melhor explicação da crise econômica na Venezuela, assim como as reformas monetárias necessárias, ver Marx Weisbrot, *Failed*, capítulo 5. Segundo Weisbrot, a crise levou a uma drástica queda nas importações, que também pode favorecer a produção comunal doméstica no longo prazo.

64 Enquanto escrevíamos isso, a manutenção pela oposição de uma maioria absoluta no Congresso foi posta em dúvida pela Suprema Corte, em meio a alegações de fraude eleitoral em diversos distritos.

Muitos dos que votaram contra o governo queriam punir seus dirigentes por não conseguirem arrumar a economia. Eles não aderiram à narrativa da "guerra econômica", e se a estratégia do governo era postergar reformas econômicas impopulares para antes garantir uma vitória eleitoral, ela revelou-se um fracasso total.

A derrota é sintoma da burocratização do processo bolivariano e das tensões nas relações entre base e direção. Por enquanto, os chavistas encaram uma legislatura hostil que pretende removê-los do poder de uma vez por todas. A oposição, que permanentemente denunciava Chávez como ditador, está usando ao máximo a democracia expandida que o chavismo criou, coletando milhões de assinaturas exigidas para convocar um referendo. Se realizado antes do final de 2016, esse levaria a novas eleições, caso Maduro fosse derrotado. A possibilidade da queda de Maduro pode ser o melhor incentivo para a base revolucionária dar um salto, e acelerar a construção de espaços autônomos, tomando novos territórios dos quais resistiriam ao retorno da direita. Enquanto conversamos com alguns camaradas da linha-dura em Petare, uma mulher jovem iniciada politicamente em meio ao tráfico de drogas e à guerra entre as gangues que marcam as favelas de Caracas, está mais do que disposta a pronunciar o impronunciável: "talvez seja melhor perdermos as eleições. Aí saberemos de cara quem está conosco e quem está contra nós."

Seria tolo sugerir que as coisas não mudaram de forma dramática desde a morte daquele que foi o centro dinâmico do processo bolivariano na Venezuela, Hugo Chávez. Tampouco se pode negar a crise econômica atual, o descontrole cambial e a explosão inflacionária, assim como a crescente corrupção e o fortalecimento do exército que isso causou. Igualmente tolo, porém, é implicar – algo compartilhado por quase toda a cobertura da grande imprensa na morte de Chávez – que junto com ele, o processo bolivariano teria também morrido. Isto nunca foi um espetáculo de uma só pessoa. Sugerir tal coisa é um insulto a todos aqueles que estavam edificando a revolução décadas antes de Chávez, e aos que continuam a construir o poder revolucionário hoje.

Ainda capitalista, não tendo ainda chegado ao socialismo, a Venezuela sustenta-se, desconfortável, entre dois sistemas econômicos e dois Estados distintos, com as contradições de cada um atingindo temperatura febril. A construção e consolidação do poder dos de baixo tem sido um processo longo e árduo, que se arrasta há décadas. Hoje, este poder alternativo que surge pela base, um poder dual, está procurando espaço alternativo nas comunas em que remotas promessas de revolução são realidade concreta. Mas, em última instância, esse poder não foge ao imperativo dado a ele por Lênin: terá de cair para um lado ou para o outro. Com o tempo esgotando-se, o momento de inflexão está chegando.

Chegou a hora de apostarmos tudo nas comunas. Enquanto pode parecer arriscado, a outra alternativa é apostar em nada. A classe média, os *ni-nis* (nem pró nem contra) no meio, a burguesia parasitária, a burocracia de Estado, o Partido Socialista incapaz de ganhar eleição, e uma corrupção crescente entre os militares – quem mais pode salvar o processo se não aqueles que o fizeram todas as outras vezes? “Se o governo, com todos os problemas dos importados, da falta de produtos e inflação, está combalido, quem pode resolver a situação?" pergunta Ángel Prado de *El Maizal*. "Nós, as comunas... porque nós não dependemos do Estado". Para onde for a comuna, irá a Revolução Bolivariana como um todo. Como dizia o próprio Chávez, e que se confirma a cada dia, a escolha se dá, cada vez mais, entre *a comuna ou nada*.

Posfácio
As sanções norte-americanas são crime de guerra

Inverteu-se violentamente, mais uma vez, a dialética da história na América Latina. Não há, como se sabe, nada de novo nisso: há meio século, a região converteu-se numa brutal incubadora para a economia neoliberal, imposta por meio da contra insurgência e da ditadura, e provando que o "mercado livre" não tem nada de livre. Porém, para toda ação, há igual e oposta reação, e mesmo que as forças sociais não sejam leis da física, a energia revolucionária enfraquecida e dispersa durante a ofensiva neoliberal não foi destruída por completo. Naqueles espaços abandonados pelo Estado e pelo capital, experimentos democráticos de base e de autogestão comunitária espalharam-se. Nas zonas de confronto, esta guerra *gramsciana* de posições virou guerra de movimento, reforçando em espiral a resistência explosiva e o violento "chicote da reação".

Não nos surpreende que a América Latina tenha virado, tão rápido, de incubadora do neoliberalismo para incubadora da revolução. Mas de novo aqui estamos, com o pêndulo jogando todo seu peso contra nós. As manchetes sobre crises econômicas, escândalos de corrupção e a morte antecipada dos governos progressistas por golpes obscuros – por mais "institucionais" ou "parlamentares" que fossem – seguiu-se o retorno a práticas de contra insurreição e o surgimento de um novo fascismo pela América Latina. Jair Bolsonaro incorpora esta guinada, mesmo que não a dirija – não daremos a tal fascistinha nem mesmo esta dúbia homenagem. No Brasil, o colapso no preço das *commodities* levou à recessão, enquanto a tensão interna entre dirigentes de Estado e setores de base enfraqueceram a capacidade de mobilização da esquerda. Isso permitiu à direita apropriar-se da linguagem da anticorrupção, retirando um líder e prendendo outro para, finalmente, eleger um fascista sob o manto da "democracia". Diferentes variações deste roteiro têm se repetido pela região, fracionando a já tensa unidade pluralista de projetos das esquerdas representado na onda progressista latino-americana.

Passaram-se três anos da publicação de *Construindo a Comuna*, e todos sabem o quão ruim ficaram as coisas na Venezuela. A crise econômica tornou-se catastrófica, o mercado paralelo de dólares norte-americanos disparou em espiral, dizimando o coração da economia venezuelana e empurrando o país para um canto sombrio: corrupção, tráfico, armazenamento de alimentos, atividades de mercado paralelo, especulação de moeda. Segundo os números recentes do Banco Central da Venezuela, a inflação superou 130,000% em 2018 e, segundo algumas estimativas, até três milhões de venezuelanos deixaram o país.[65]

---

[65] Este e outros dados são inescapavelmente políticos. Quanto à inflação, o mais relevante é se os pobres conseguem *encontrar* e *comprar* os bens necessários, mas uma característica do atual caos econômico é que os bens que podem ser encontrados não podem ser comprados, e os que podem ser comprados não podem ser

Há muitos responsáveis pela situação. Desde 2012 tem-se registrado uma verdadeira tempestade intencional ou não, queda no preço do petróleo, morte de Hugo Chávez, brutal agressão da oposição doméstica e dos EUA, e inação do governo de Nicolás Maduro para corrigir a distorção no sistema de controles cambiais. No processo, cada elemento vai retroalimentando este ciclo. Porém, não se pode duvidar de uma coisa: o principal responsável por empurrar a economia venezuelana em direção ao precipício foram as sanções norte-americanas, e a evolução de crise para catástrofe foi claramente intencional.

Neste caso é preciso ser direto: sanções significam *homicídio*. Qualquer discurso sobre sanções "direcionadas" ou "cirúrgicas" para punir o governo Maduro, enquanto poupariam a população, não passa de uma mentira cínica, e todos os envolvidos sabem disto. Tais falácias não começaram com Donald Trump, mas com Barack Obama, que em 2015 absurdamente declarou que a Venezuela era "uma ameaça incomum e extraordinária à segurança nacional e à política externa dos Estados Unidos". Obama impôs sanções a um punhado de cidadãos,

---

encontrados. Em relação à emigração, precisamos ser igualmente cautelosos: não é sempre claro como estes imigrantes são contados, se incluem os mais de um milhão que já vivem no exterior, ou quantos planejam voltar. Junto a isto, não está claro quantos imigrantes haviam anteriormente imigrado da Colômbia (um número que atinge milhões) para se naturalizarem venezuelanos (no mínimo muitas centenas de milhares). E finalmente, tem os que se autodeclaram "exilados" e os conspiradores reacionários para quem nossa única resposta é: *já vão tarde*.

mas o impacto foi muito maior, devido às exigências previsíveis do capital:

> Instituições financeiras começaram a fugir da Venezuela, sobretudo depois de março de 2015, diante dos riscos de emprestar a um governo que os Estados Unidos pareciam cada vez mais dispostos a derrubar – e que, com a piora na economia, pareciam próximos de consegui-lo. O setor privado venezuelano teve corte em linhas vitais de crédito, que contribuíram para uma queda sem precedentes, e quase inacreditável, de 80% nas importações em seis anos, o que arrasou esta economia dependente de importações.[66]

Nas inconfundíveis palavras de Vijay Prashad, "Obama forjou a lança; Trump a atirou contra o coração da Venezuela".[67]

Esta lança é de fato mortal. Um relatório recente do Center for Economic and Policy Research,[68] escrito pelos economistas

---

[66] Mark Weisbrot, "Trump's Other 'National Emergency': Sanctions that Kill Venezuelans," *The Nation* (28 de fevereiro de 2019), https://www.thenation.com/article/venezuela-sanctions-emergency/.

[67] Vijay Prashad, "The Plot to Kill Venezuela," *Salon* (17 de maio de 2019): https://www.salon.com/2019/05/17/the-plot-to-kill-venezuela_partner/.

[68] Center for Economic and Policy Research, ou Centro de Pesquisas Econômicas e de Políticas Públicas, instituto criado em 1999, tem entre seus conselheiros "os economistas Robert Solow e Joseph Stiglitz, ambos ganhadores do Nobel de economia, Janet Gornick, professora da City University of New York (CUNY) e diretor do Luxemburg Income Study; e Richard Freeman, professor de economia

Mark Weisbrot e Jeffery Sachs, confirmou o que muitos no local já sabem: que no léxico neoliberal do século XXI "sancionar" é matar. Em agosto de 2017, o regime Trump impôs um perverso pacote de novas sanções, que bloqueou o acesso da Venezuela ao mercado financeiro norte-americano. Na prática impedia qualquer reestruturação da dívida que possivelmente envolvesse bancos norte-americanos, também bloqueando o acesso da Venezuela a fundos de sua própria filial de petróleo nos Estados Unidos, a CITGO. Os contornos viciosos do ciclo que se seguiu foram os seguintes: sem recurso para produzir petróleo, não há dinheiro para sobreviver, muito menos para produzir mais petróleo. E sem financiamento para investir em infraestrutura para comprar diluentes e outros insumos químicos, a produção petroleira da Venezuela entrou em queda livre logo após a imposição das sanções.

Weisbrot e Sachs estimam que as sanções de 2017 custaram à Venezuela incríveis 6 bilhões de dólares em um ano, mais do que o dobro da quantia gasta em 2018 em todas as importações de alimento e medicamentos juntas. Não é de surpreender, portanto, que tais sanções "direcionadas" tivessem um impacto muito mais amplo, e que os mais afetados fossem os cidadãos, e não o governo:

> As sanções reduziram a ingestão calórica da população, aumentaram as doenças e a mortalidade (de adultos e recém-nascidos), além de deslocar milhões de venezuelanos, que fugiram do país

---

na Universidade de Harvard." CEPR, "About us" (2 de novembro de 2019), http://cepr.net/about-us/about-us.

> pela piora na depressão econômica e hiperinflação. Elas exacerbaram a crise econômica venezuelana e quase impossibilitaram a estabilização da economia, contribuindo para intensificar o índice de mortalidade. As medidas impactam e causam danos desproporcionais entre os venezuelanos mais pobres e vulneráveis.[69]

Ao todo, Weisbrot e Sachs identificam em 40 mil o número total de mortos pelas sanções, e isso apenas entre o fim de 2017 e 2018 – seguramente, uma estimativa baixa. Mais de 300.000 seguem em risco por falta de acesso a remédios importados, inclusive "80 mil pacientes com HIV que não tem tido acesso a tratamento retroviral desde 2017, 16 mil pessoas que necessitavam diálise, outras 16 mil com câncer, e 4 milhões com diabetes e hipertensão". Para o ex-primeiro ministro espanhol José Luís Rodríguez Zapatero, pessoa nem um pouco simpática a Maduro, o êxodo em massa, em geral apresentado como prova contra o governo, está diretamente relacionado às sanções: "como sempre ocorre com as sanções econômicas que criam embargos financeiros, em última instância, com certeza não é o governo quem paga o preço, mas os cidadãos, o povo".[70]

---

[69] Mark Weisbrot and Jeffrey Sachs, "Economic Sanctions as Collective Punishment: The Case of Venezuela" (CEPR, abril de 2019). Disponivel em: http://cepr.net/images/stories/reports/venezuela-sanctions-2019-04.pdf.

[70] "Rodríguez Zapatero vincula el éxodo de los venezolanos a las sanciones impuestas por EE.UU.," *EFE* (15 de setembro de 2018). Disponivel em: https://www.efe.com/efe/america/sociedad/rodri-

As sanções de Trump de 2017 foram apenas o começo. Em janeiro de 2019, a oposição venezuelana lançou-se em uma tentativa de golpe encabeçada por Juan Guaidó, que saiu direto do banco de reservas para tentar tomar a presidência de assalto. Mas apesar do apoio da oposição venezuelana, da direita latino-americana, do governo Trump, e a despeito do caos econômico que devora país, a revolução bolivariana provou uma resiliência inesperada entre os ativistas da base e os militares. O golpe de Guaidó colapsou antes mesmo de começar, mas o estrago foi feito. Com a imagem de Maduro ainda mais desmoralizada, os EUA entregaram a CITGO – que vale mais de 7 bilhões de dólares – assim como ativos da Venezuela ao regime paralelo de Guaidó. Enquanto os venezuelanos mal conseguem sobreviver, um líder golpista da oposição roubou *três vezes* mais do que o equivalente a todos os gastos do país em alimentos e remédios em um ano. O crime não parou por aí: logo surgiram denúncias da equipe de Guaidó apropriando-se da chamada "ajuda humanitária" e desviando-a com gastos luxuosos, enquanto usavam a linguagem da anticorrupção.

Havia ainda mais por vir. O governo Trump, pouco depois do golpe fracassado de Guaidó, apertou ainda mais o cerco. Se em 2017 promoveu um bloqueio financeiro, em 2019 começou um bloqueio petroleiro: a Venezuela foi barrada do mercado de petróleo dos EUA, que intimidaram outros países a fazerem o mesmo. Em janeiro de 2019, a Venezuela havia exportado 700 mil barris de petróleo por dia aos EUA, mas em março este

---

guez-zapatero-vincula-el-exodo-de-los-venezolanos-a-las-sanciones-impuestas-por-ee-uu/20000013-3750573#.

número caiu para zero. O resultado foi nada menos do que catastrófico. A produção de petróleo que despencou em um terço depois das sanções de 2017, entrou em colapso inteiramente em 2019, caindo novamente pela metade. Em menos de dois anos, a produção de barris de petróleo na Venezuela foi de 1,9 milhão por dia para apenas 740 mil.[71] E numa mudança qualitativa, a produção já não estava em colapso por problemas na oferta (falta de financiamento e peças de manutenção), mas na parte da demanda (falta de acesso a mercados). Sem local para estocar sua produção de petróleo, Caracas foi forçada a vendê-la com enormes descontos no mercado global. Assim mesmo, os Estados Unidos pressionaram duramente países como a Índia a encerrarem em definitivo a compra do petróleo venezuelano.

Além disso, o regime Trump tem usado todos os meios extralegais possíveis para – nas palavras de um analista do mercado financeiro – "tornar a Venezuela radioativa".[72] Isto vai desde escalar assessores financeiros especiais treinados para assustar credores, pressionar e até ameaçar parceiros comerciais em potencial. Alguns, como o economista ligado à oposição

---

71 Lucas Koerner and Ricardo Vaz, "Venezuela: Widespread Gasoline Shortages as Sanctions Take Toll on Oil Sector," *Venezuela Analysis* (20 de maio de 2019). Disponivel em: https://venezuelanalysis.com/news/14500.

72 David C. Adams e Janet Rodriguez, "US tightens the screws on Venezuela's Maduro with banking sanctions," *Univisión* (22 de março de 2019), https://www.univision.com/univision-news/latin-america/us-tightens-the-screws-on-venezuelas-maduro-with-banking-sanctions.

Francisco Rodríguez, diz que tais medidas são "talvez até mais importantes" e mais nocivas que as sanções oficiais.[73] Elas têm tido efeito cascata em quase toda a sociedade e a economia, com as comunidades pobres da Venezuela lutando para manter ao menos acesso à água potável, dado que as sanções impedem a importação de bombas d'água e outras peças de manutenção.[74] Um relatório publicado pela Campanha de Solidariedade com a Venezuela investigou a documentação sobre os bloqueios à importação de insulina e de medicamentos para combate da malária, ao financiamento direto para transplantes de medula óssea, assim como a contenção ilegal de quase 5,5 bilhões de dólares por instituições financeiras mundiais, em resposta às sanções e ameaças norte-americanas.[75]

O ato mais sádico de Trump, porém, tem sido seu ataque direto ao programa de Comitês Locais para Abastecimento e

---

[73] Francisco Rodríguez, "Crude Realities: Understanding Venezuela's Economic Collapse," Venezuela Politics and Human Rights, Washington Office on Latin America (WOLA) (20 de setembro de 2018), https://venezuelablog.org/crude-realities-understanding-venezuelaseconomic-collapse.

[74] Michael Fox, "US Sanctions Leave Millions of Venezuelans Without Water," *The Real News* (26 de maio de 2019), https://therealnews.com/stories/us-sanctions-leave-millions-of-venezuelans-without-water

[75] Venezuela Solidarity Campaign, "Briefing: The Effects of the Economic Blockade of Venezuela" (junho de 2019), https://www.venezuelasolidarity.co.uk/wp-content/uploads/2019/06/The-effects-of-the-economic-blockade-of-Venezuela-final7359.pdf.

Produção (CLAP). Frente à escassez, o governo venezuelano estabeleceu o programa em 2016 para entregar cestas básicas direto na casa das famílias. Segundo oposicionistas do instituto de pesquisa *Datanálisis*, cerca de 75% dos venezuelanos, chavistas ou da oposição, se beneficiam atualmente das CLAPs. E, se muito pode-se criticar no programa – sobretudo por ser mais voltado ao "abastecimento" (de bens importados) do que à "produção" doméstica – não surpreende que ele entrou na mira dos EUA. Entre dezembro de 2018 e maio de 2019, o governo venezuelano tentou eliminar a variação cambial do mercado paralelo e conter a hiperinflação, desvalorizando o bolívar e eliminando acessos preferenciais a dólares. Ao contrário das terapias de choque neoliberais, porém, instituições como as CLAP amortizaram o golpe nos mais pobres. E, se o governo venezuelano optasse por uma guinada radicalmente comunista – algo que decerto deveria fazer – ele teria de depender destes circuitos de distribuição, enquanto impulsiona a produção comunal local. É por isto que a oposição queimou armazéns das CLAP durante a curta tentativa de golpe por Guaidó, e também porque os EUA escolheram atacar o programa.

As 40 mil mortes relacionadas às sanções calculadas por Weisbrot e Sachs não incluem nem mesmo a mais recente onda de sanções, cujos autores descrevem como "muito mais severas... uma sentença de morte a dezenas de milhares de pessoas que não podem deixar o país para achar medicamentos em outros lugares". As sanções "encaixam-se como punição coletiva à população civil, conforme descrito nas definições das convenções de Genebra e de Haia, das quais os EUA são signatários.

Elas também são ilegais, segundo o direito internacional e os tratados que os EUA assinaram, e parecem violar a legislação norte-americana". Falando mais recentemente no programa de notícias *Democracy Now*, Sachs – antes um defensor das políticas neoliberais de "terapia de choque" – foi direto ao ponto: "há uma catástrofe humanitária, deliberadamente causada pelos EUA, pelo que entendo serem sanções ilegais, porque são uma tentativa deliberada de depor um governo e tentar criar o caos com o propósito de derrubá-lo".

O que fazer? Não é suficiente apenas apontar os custos humanos inevitáveis das sanções, porque este evidentemente é seu objetivo: fazer as pessoas sofrerem, na esperança de que eventualmente se revoltarão contra o governo. Se há qualquer dúvida sobre isto, não precisamos ir muito além das falas do Secretário de Estado de Trump, Mike Pompeo, sobre "apertar a corda" no pescoço da Venezuela. Ou, na descrição de outro funcionário, cujo nome não foi citado, comparando abertamente as sanções à pegada mortal de Darth Vader.[76] Um funcionário da embaixada norte-americana no México foi ainda mais direto, dizendo que "estamos vendo o total colapso econômico... então nossa política está funcionando", e a concordância do ex-embaixador dos EUA na Venezuela, William Brownfield, argumentando

[76] Ricardo Vaz, "Venezuela: Canada Imposes Fresh Sanctions as Pompeo Vows to 'Tighten Noose'" (15 de abril de 2019), https://venezuelanalysis.com/news/14431; Adams e Rodriguez, "US tightens the screws." (22 de março de 2019), https://www.univision.com/univision-news/latin-america/us-tightens-the-screws-on-venezuelas-maduro-with-banking-sanctions

sadicamente que "talvez a melhor forma é acelerar o colapso", mesmo que isto leve a "meses ou anos de sofrimento".[77] Nossos tempos realmente são, para usar as palavras de Gramsci, "tempos de monstros".

Também neste caso, o consenso é bipartidário: Trump simplesmente aprofundou um programa de mudança de regime iniciado por Obama, cujas próprias políticas eram dificilmente distinguíveis de seu antecessor, George W. Bush. Quando Madeleine Albright, Secretária de Estado sob Bill Clinton, foi questionada sobre as mais de 500 mil crianças iraquianas mortas pelas sanções norte-americanas, ela respondeu com infâmia: "Achamos que o preço valeu a pena". O mesmo se aplica, hoje, ao governo Trump: o preço vale a pena, e o preço continua a subir. Em agosto de 2019, o governo dos EUA congelou todos os bens venezuelanos e dobrou as ameaças a terceiros. Nas palavras do direitista Conselheiro de Segurança Nacional, John Bolton, "estamos mandando um sinal aos terceiros que queriam fazer negócios com o regime Maduro: siga com extrema moderação... não há necessidade de arriscar seus negócios com os EUA". A inflação, que diminuía em resposta às medidas tomadas pelo governo Maduro, imediatamente disparou. Em resposta, Maduro cancelou as negociações em curso com Guaidó, mas o Ministro

[77] "Sesión informativa sobre viaje del Secretario Tillerson a Latinoamérica" (29 de janeiro de 2018), https://mx.usembassy.gov/es/sesion-informativa-sobre-viaje-del-secretario-tillerson-latinoamerica/; "Exembajador sugiere 'acelerar el colapso' de Venezuela," *Voz de América* (12 de outubro 2018), https://www.youtube.com/watch?v=IJBoe3AvSvc.

de Relações Exteriores, Jorge Arreaza acusou Trump de tentar "implodir o diálogo."

Porém, as sanções são uma espada de dois gumes, e a agitação social envolve imprevisibilidade – pode-se aumentar a pressão, mas nunca se sabe direito o sentido do escape. Especificamente, o tema das sanções hoje divide águas na oposição: a franja radical reacionária incorporada em Guaidó, substituto secundário para Leopoldo López, apoia as sanções, enquanto a maioria da oposição – e a vasta maioria da população venezuelana – é contra. Quando Guaidó fracassou em cumprir sua promessa de um golpe rápido em janeiro, começou a desmoronar sua influência em Washington e Caracas, e até agora segue caindo morro abaixo, com uma série de escândalos de corrupção e uma falta de direção que corroeu o pouco apoio que teve. Quando Trump mais tarde demitiu Bolton, arquiteto de sua estratégia venezuelana, foi como se ele também estivesse demitido Guaidó.

Enquanto a historiografia reacionária vê apenas ciclos eternos, a perspectiva dialética revela em seu lugar espirais: condições que se transformam, autoconsciências emergentes, persistências da tradição radical e memórias de resistência, mas também o esquecimento e apagar gradual destes elementos ou seu esmagamento pelas repressões brutais. Todos são elementos permanentes da história latino-americana, e todos estão hoje presentes na Venezuela e toda América Latina. A cada volta, o espiral não trará eterna reincidência ou inevitável progresso, mas uma nova luta entre a esquerda e direita transformada, um povo em movimento enfrentando um mundo em transformação. Não se pode negar que os anos recentes têm visto uma mudança na correlação de forças que se deslocou de um movimento com setores revolucionários de base para algo mais entrincheirado, conservador, e elementos corruptos que vem do aparato de Estado. Há razões materiais para isto, uma vez que a crise incentiva a corrupção, que já era endêmica. Especulação de moeda, estocagem e trocas no mercado paralelo de bens com preços controlados (*bachaqueo*, cuja derivação epistemológica evoca o fervilhar voraz das formigas vermelhas). Na fronteira, contrabando de alimento produzido na Venezuela e, principalmente, de gasolina que, como enorme funil, atravessa em direção à Colômbia, canalizando bilhões de dólares por ano – tudo isso engorda os bolsos dos que já são ricos e bem relacionados, enquanto as prateleiras ficam vazias e os pobres têm dificuldade em se alimentar.

Neste contexto, é inegável que os militares assumiram enorme poder político e militar, não apenas por controlarem as zonas de tráfico e fronteiras, devido à criação de uma zona especial militar econômica, sem falar na empresa mineradora controlada pelos militares no polêmico arco mineiro de Orinoco. Durante o golpe fracassado de Guaidó, porém, a lealdade dos militares foi uma mercadoria valiosa, com funcionários do governo norte-americano querendo, sem escrúpulos, comprar qualquer general disposto a se vender. Por sorte nenhum mordeu a isca, mas quando a alta patente militar dá as cartas, as bases sofrem. E, como bem demonstra o exemplo chileno, a aposta na lealdade militar tem andado de mãos dadas com a agenda conservadora, que tem promovido privatizações e a repressão à luta dos trabalhadores. Por exemplo, quando o ministro da Agricultura, Wilmar Castro Soteldo, ligado à ala mais conservadora do chavismo, decidiu privatizar a fábrica de alimentos Arroz del Alba no início de 2019, operários que ocuparam a fábrica foram presos e detidos por mais de dois meses. Após protestos dos movimentos sociais e até mesmo de Elías Jaua, ex-ministro da Agricultura (mais de esquerda), estes *comuneros* eventualmente foram soltos, mas a onda de privatizações seguiu desimpedida.

O que explica esta mudança na correlação de forças? Para muitos, na esquerda assim como na direita, a resposta se reduz a uma única palavra: Maduro. Mas mesmo se os anos desde a morte de Chávez coincidiram com este novo cenário, a correlação não deve ser confundida com causalidade. E, se a história venezuelana nos ensina algo, é o perigo de conclusões fáceis. A correlação, obviamente, não se sustenta: Maduro na verdade aumentou o apoio às comunas nos anos posteriores à morte de Chávez, sob o radical ministro das Comunas, Reinaldo Iturriza. Ainda mais importante, porém, é que exagerar na visão de mudança de Chávez para Maduro é cair no pecado fatal de atribuir aos indivíduos a dinâmica das forças sociais – se os livros *We created Chavez* e *Construindo a Comuna* tiveram um único objetivo comum, era o de desconstruir esta mitologia.

Enquanto, de certa forma, Chávez era o mais próximo possível a uma força social que qualquer outro indivíduo, sua ausência também coincide com uma mudança global nas condições materiais. Há o colapso do preço das *comodities* (incluindo petróleo), a agressão sangrenta vinda de dentro e do exterior, a real exaustão e redução nas energias revolucionárias, e o colapso dos governos progressistas latino-americanos como rede de apoio para as experiências radicais pela região. Mas a questão é que estas e outras tendências já estavam presentes na época de Chávez, principalmente a tensão entre os poderes constituintes e constituídos, entre a base e o Estado que, *ceteris paribus*, poderia e tem levado à criação de uma nova elite arrogante, embrenhada nas instituições do Estado. Não houve um ponto específico de inflexão, apenas o empurra-empurra permanente pela hegemonia de uma luta revolucionária sem garantias.

Sem dúvida esta é a fase mais difícil da revolução bolivariana, que não tem tido momentos fáceis. Por que agora seria diferente? O processo bolivariano surgiu não de vitórias passadas, mas dos fracassos, erros de cálculo, da derrota sangrenta da luta armada venezuelana e da subsequente geração dos movimentos revolucionários de base lutando teimosamente uma batalha perdida contra o Estado e o capital. Ele surgiu de milhares de experimentos malogrados e de centenas de becos sem saída, de revoltas e repressões como o *Caracazo* de 1989 – como flores que brotam em cima do chão fertilizado por covas coletivas. A trilha *nunca* foi fácil, e quando falamos de revolução, as chances jamais estão a nosso favor.

A maré progressista latino-americana, aquele período de hegemonia e ebulição da esquerda podem de fato ter terminado, mas o retorno da direita ao poder não significa a derrota da esquerda. Podemos, ao invés disso, estar vivendo um mero período de interlúdio, um momento de reflexão e radicalização, um recuo tático de um estado ao qual não devemos nada a não ser a permanente suspeita. As forças da reação estão alargando seu poder de alcance e afiando suas garras, mas estão longe de serem invencíveis. Assim como foi na Argentina com Macri, está cada vez mais óbvio que os pés de Bolsonaro são feitos de barro – e que ele logo pode cair. O giro da Colômbia de volta à extrema-direita pode desencadear um retorno à guerra civil. E o México conseguiu livrar-se da tendência regional com a eleição de López Obrador, mas a qual custo? Muito do que acontece depende do delicado equilíbrio entre pragmatismo e dinamismo revolucionário. Na Venezuela, assim como no resto da região, a fonte deste dinamismo é o mesmo: aqueles movimentos revolucionários forçados a caminhar sobre uma linha tênue entre o Estado e sua dissolução, entre a insurreição que *destrói* e a que *constrói* o autogoverno comunal.

Em homenagem à luta revolucionária de El Salvador, o cantor venezuelano Alí Primera uma vez escreveu que "a marcha é lenta, mas segue sendo a marcha, empurrando o sol que a madrugada se aproxima".[78] Hoje, para os *comuneros* e *comuneras* há poucas alternativas para essa marcha e nenhuma delas é fácil – apenas a determinação teimosa de continuar empurrando por uma nova madrugada.

Filadélfia, outubro de 2019.

78 *"Dale que la marcha es lenta pero sigue siendo marcha, dale que empujando el sol se acerca la madrugada."*

Agradecimentos

Agradeço aos membros do grupo de pesquisa Territórios Populares de Caracas: Andrés Antillano, Mila Ivanovic, Guillermo Pérez, Victor Pineda, Ivan Pojomovsky, Doris Ponce, Enrique Rey e Chelina Sepúlveda. Também sou grato a Gerardo, Estela, Luis, Gabriela, Toti e Duque por toda sua ajuda e hospitalidade generosa. Agradeço muito aos que dedicaram seu tempo a ler o manuscrito, que ficou bastante diferente desta versão final, em grande parte graças a seus comentários instigantes: Federico Fuentes, Michael Lebowitz, Louis Philippe Römer, Naomi Schiller, e Alejandro Velasco. Agradeço fortemente o apoio daqueles que ajudaram a retardar o avanço dos novos Chicago Boys, que enxergam em qualquer crise uma oportunidade: sobretudo Keane Bhatt, Greg Grandin, Miguel Tinker Salas, Greg Wilpert, Mark Weisbrot e a incansável equipe do *Venezuela Analysis* e *TeleSUR*. Obrigado a James Martel e Jodi Dean por apoiarem uma primeira versão daquilo que virou este projeto de livro, a Baskar Sunkara por seu apoio e direção, e a Audrea Lim por ajudar a torná-lo realidade. Obrigado à revista *Jacobin* e à revista *Roar*, onde algumas destas palavras apareceram pela primeira vez. Esta pesquisa foi financiada em parte pelo Prêmio Antelo Devereux Para Jovens Pesquisadores, outorgado pela Escola de Artes e Ciências da Universidade de Drexel. Agradeço, principalmente, a todos os *comuneros* e *co-*

muneras, dentro e fora da Venezuela, que preenchem nosso horizonte com um novo conteúdo, decifrando a esfinge enquanto a constroem.

George Ciccariello-Maher

Sobre o autor

George Ciccariello-Maher é escritor e teórico político radical. Autor de *We Created Chavez*, *Construindo a Comuna* e *Decolonizing Dialectics*. Foi Professor Visitante no Instituto Hemisférico em Nova York e no Instituto de Pesquisa Social da Universidade Nacional Autônoma do México (UNAM), e lecionou anteriormente na Universidade Drexel, U.C. Berkeley, Prisão Estadual de San Quentin e Escola Venezuelana de Planejamento em Caracas. Ele possui graduação em Governo e Economia pela St. Lawrence University, graduação e mestrado em Ciências Sociais e Políticas da St. John's College, Universidade de Cambridge, mestrado e doutorado em Ciência Política da U.C. Berkeley.

Este livro foi composto em Adobe Garamond Pro e Futura em papel Avena 80mg.